U0813731

好人品是这样养成的

徐先玲　李卓洋　编著

中国商业出版社

图书在版编目（CIP）数据

好人品是这样养成的 / 徐先玲，李卓洋编著 .—北京：中国商业出版社，2017.11

ISBN 978-7-5208-0062-4

Ⅰ . ①好… Ⅱ . ①徐… ②李… Ⅲ . ①个人品德–青少年读物 Ⅳ . ① D648-49

中国版本图书馆 CIP 数据核字 (2017) 第 231691 号

责任编辑：常　松

中国商业出版社出版发行
010-63180647　www.c-cbook.com
（100053　北京广安门内报国寺 1 号）
新华书店经销
三河市同力彩印有限公司印刷
*
710 × 1000 毫米　16 开　12 印张　195 千字
2018 年 1 月第 1 版　2018 年 1 月第 1 次印刷
定价：35.00 元
* * * *
（如有印装质量问题可更换）

目录

第一章
人品至上 完善自我

1. 人品是立身之本

人品不能当饭吃，但人品是立身之本，对事业的成败影响颇大。一个人品欠佳的人，谁也不愿与其合作共事。

世间的人，人品个个不同，用单一的道德标准品评人，分出好人、坏人，并不一定公平和正确。人或诚实或虚伪，一时之间，很难分辨。但随着时日的增长，两者分界逐渐明显，一个人是诚实还是虚伪，其日常的言行举止，总会有所表现。

当代著名投资家索罗斯极为重视人品的高下，认为一个人仅仅才华出众是不够的，还要有上等的人品。他喜欢诚实的人，对那些做事自私、不够诚实的人，尽管他们十分聪明，也会请他走人。正如他的朋友沙卡洛夫所说："他是我所见过的最诚实的人，他根本不能忍受说谎。"这是对索罗斯的客观评价。他始终认为，许多投机商，包括一些很成功的投机商，并没有很严肃地对待自己的事业，他们只是在投机，一味地投机。

索罗斯说："对那些才华横溢的赚钱高手，如果我不信任他们，觉得这些人的人品不可靠，我就绝不希望他们当我的合伙人。"一次，垃圾债券大王麦克·米尔被起诉后，垃圾债券业务出现真空，索罗斯很想进入这一黄金领域。为此他约谈了好多位曾在米尔手下做过事的人，想请他们做合伙人。但是，索罗斯发现这些人有某种忽视道德的态度，最后放弃了这些人。他觉得他们团队有这些人参与会很不舒服，尽管他们积极进取又聪明能干，也很有投资天分。

索罗斯认为，如果一个人不值得信任，即使这个人拿世界上所有担保品来作担保，也不要借钱给他。

索罗斯之所以如此看重合伙人的人品，是因为他认为，金融投资需要冒很大的风险，而不道德的人不愿意承担风险。这样的人不适宜从事负责、进取、高风险的投资事业。他说："冒险是很辛苦的事，不是你自己愿意承担风险，就是你设法把风险转嫁到别人身上。任何从事冒险业务却不能面对后果的人，都不是好手。”

索罗斯的团队里曾经有一个人私自在一处债券上投资了1000万美元，结果投资虽然赢了利，但索罗斯认为，这个人对自己的行动不负责任。索罗斯后来解雇了这个人品欠佳的合伙人。他认为，投资作风完全不同的人在他的团队里都可发挥作用，但人品一定要可靠。

在商业生涯中，不管你是老板还是经理，牢记“最重要的是人品”这句箴言，有助于你走上成功之道。

2. 以好品质吸引人

如果一个人在刚踏入社会时，就决心把培养自己的品格作为以后事业的资本，做任何事情，都无悖于养成完美人格的要求，那么，即使他无法获得盛名与巨大利益，但终不至于失败。而那些人格堕落、丧失操守的人，却永远不能成就真正伟大的事业。

人格操守是事业上最可靠的资本，多数人对于这一点缺乏认识。这些人过分地注重技巧、权谋和诡计，却忽视对正直品格的培养。为什么有许多公司情愿以非常昂贵的代价，用已去世数十年或数百年的人的名字来做公司的名称呢？因为在那些已逝者的名字里面含有正直的品格，代表着信用，使消费者感到可靠。想想有些名人的实际情况，其信用之稳固程度如同岩石一样，坚固不移，这就可以证明人格的价值了。

有一些人明明知道这样的事实，但是他们仍然不将事业的基础建立在正直的品格上，反而建立在技巧、诡计和欺骗上，难道不令人感到奇怪吗？

公道、正直与诚实是成功所包含的要素。而此种美德，林肯无一不具备，倘若缺乏这种美德，他哪能做出轰轰烈烈的事业来？

每一个人都应该感到，在自己的体内有一种“富贵不能淫，威武不能屈”的力量。这极其宝贵的力量就是一个人的品格，而人应不惜生命来保持他正直的品格。大凡历史上真正的伟大人物，其人格是不会被出卖的，不会因金钱、权势、地位等种种诱惑而出卖人格。

当一个人过着一种虚伪的生活，戴着假面具，做着不正当的事情时，他将受到自己内心的嘲笑，甚至会鄙弃自己。他的良心必将不住地拷问他的灵魂：“你是一个欺骗者，你不是一个正直的人。” 这样会削弱人的力量，真正彻底葬送人的自尊和自信。

无论有多大的利益，无论有多么难以抵制的引诱，具有优秀品质的人都不会出卖人格。如果一个人过分地追逐名利，将会败坏他的才能，毁灭他的品格，使他做出违背良心的事情来。

无论你从事何种职业，你不但要在自己的职业中作出成绩，还要在做事的过程中建立自己高尚的品格。在你做一个律师、一名医生、一个商人、一个职员、一个农民、一个军人，或者一个政治家时，你不要忘记：你是在做一个“人”，要做一个具有正直品格的人。这样，你的职业生涯和生活才能有重大的意义。

所以说，优秀品质是一个人的形象核心，一个人的气质就是由精神面貌表现出来的。

保持良好的精神面貌，首先要建立自信，克服自卑感，对自己的事业要有正确的认识，树立什么事都难不倒的良好形象。

其次，要设身处地地为别人着想，为人谦虚、踏实，有大家风度，不拘谨，能够主动积极地与人交往，文明礼貌、热情大方。要做到“谦虚而不失优雅，诚实而不失伶俐”，给人一个可以信任的形象。

一个人在这个世界上最重要的是培养形成自己优良的品格。有了这个品格，你就能够把自己推销给这个世界。

知识链接

为别人着想，为人谦虚、踏实，有大家风度，不拘谨，能够主动积极地与人交往，文明礼貌、热情大方。要做到“谦虚而不失优雅，诚实而不失伶俐”，给人一个可以信任的形象。

3. 人格：一个人最大的资本

世人都应懂得：“人格是一个人最重要的资本。”如果你欠钱不还，那就是在拿自己的人格进行典当，所以我们要珍惜自己的人格。罗赛尔·赛奇曾经说：“坚守信用是成功的最大关键。”你如果想得到他人的信任，就要立下极大决心，花费大量时间不断进行努力。同理，人格力量决定着经商的成败。

在当今社会中，为人处世的基本点就是要具备人格魅力，经商尤其需要如此。人格是指人的性格、气质、能力等特征的总和，也指个人的道德品质和人能作为权利、义务的主体资格。而人格魅力则指一个人在性格、气质、能力、道德品质等方面具有的能吸引人的力量。在今天的社会里，一个人若能受到别人的欢迎、容纳，他实际上就具备了一定的人格魅力。

谁都渴望自己与周围人的关系和谐融洽。尤其是青年人，更希望与别人友好相处，获得他人的信任、理解和友谊。然而，良好人际关系的产生取决于交往双方，即一个人不但接受他人，同时还能为他人所接受，相互间的关系才会不断发展。怎样才能讨人喜欢，受人信赖呢？这就涉及他的人格魅力。请看以下事例：

莫洛是美国纽约摩根银行的董事长兼总经理，年收入高达100万美元。最初，莫洛不过在一家小法庭做书记员，后来他的事业得到了惊人发展。

莫洛究竟靠什么法宝作为后盾呢？他博得了大财团摩根的青睐，从而一跃而起，成为全国瞩目的商业巨子。这是莫洛一生中最重大的一件事。据说，摩根挑选莫洛担任这一要职，不仅因为他在经济界享有盛誉，更因为他有着高尚的人格。范登里普出任联邦纽约市银行行长，在挑选行政助理时，首先便是以人格高尚作为挑选的重要标准。

杰弗德便是从一个地位卑微的会计一步步升职，直至后来担任了美国电报电话公司总经理。他常对别人说："人格"是事业成功最重要的因素之一。他说："没有人能准确地说出人格是什么，但如果一个人没有健全的特性，便是没有人格。人格在一切事业中极其重要，这是勿庸讳言的。"

一位经理曾说："有些人生来就有与人交往的天性，他们无论对人对己、处世待人、举手投足与言谈行为都很自然得体，毫不费力便能获得他人的注意和喜爱。可有些人便没有这种天赋，他们必须加以努力才能获得他人的注意。但不论是天生的还是后天努力的，他们的结果无非是博得他人的善意，而获得善意的种种途径和方法，便是'人格'的发展。"只有人格健全才能获得人们的喜爱和合作。因此，世间凡是智者贤人常把人格的特征极力表现出来。

有些人即使与我们偶尔相识，仅有一面之交也能引起我们的注意，使我们喜悦，原因何在？这种人格，或者是我们所见的他的目光、微笑、举止言谈。如果把这些"人格"凑合在一起，我们便能得到一个印象和结论：他们很得别人的喜欢，使别人对其产生兴趣。我们在不知不觉之中便和他们接近，成为朋友。在这个过程中，我们的人格也得到了发展。可以说，这些令我们喜爱的人身上的"人格"特征，就是他身上放射出的一种魅力。

我国数学界巨星陈景润先生用心血研究的成果，在"文化大革命"期间被烧掉了。资料被毁后，他在绝望中从楼上跳了下去。当时竟然还有人踢他，说："装死呢。"十年后，正是这个人为自己出国的事找到了陈先生，一口一个陈教授，并请陈景润给自己写推荐信。陈先生并没多说什么，在推荐信上签了字。

事后，有人对陈景润说怎么帮这种人，陈先生却说："不要计较那么多，都是过去的事情了，忘掉它算了。"

英国的威廉和格兰特兄弟是英维里斯郡一个农民的儿子，一场突发的洪水毁灭了他们的家园。后来，通过艰苦努力，他们创办了自己的公司，并因仁慈和善行闻名遐迩。

一个人若能用自己的博大胸襟容纳社会中的某些丑恶现象，他所展示的人格力量和精神就是巨大的，并能潜移默化地影响他人。拿破仑曾经说过，道德的力量比物质力量强大十倍。伟大的人物之所以赢得世人的尊重，不只是因为他们的科学论著或他们对历史的巨大推动作用，更重要的是他们高尚人格魅力的展现。

4. 金钱与人格孰轻孰重

当前人格的丧失正是所有社会问题的症结。如果每个人都能高度珍视自己，并且知道自己有能力得到自己想要的东西，那么就不会再有人去出卖自己的肉体，或者沉迷于赌博、毒品和犯罪。

贫困是一种精神疾病，它起源于人格的丧失；同许多疾病一样，这种精神疾病是可以治愈的，只要你确信它能够被治愈。同样地，和对付其他疾病一样，要战胜贫困需要你不懈地努力、积极的态度和无比的勇气，如果你放弃了，你才是真正地陷入了困境。

金钱可以放弃，权力可以放弃，自由也可以放弃，只有人格是真正可以拯救我们的东西。

一个人能够知道尊重自己的人格，不把自己当作一件物品买卖，不肯为了金钱、势力、地位而出卖自己的人格，堕落自己的操守，那他一定能成为社会中重要且有力量的一分子。

林肯做律师时，有人请他为一件诉讼案中理屈的一方辩护。他回答说：“我不能做这种事。因为到了当庭陈词时，我的心中，一定会不停地这样想：‘林肯！你是说谎者，你是说谎者！’我相信，那时我会失控的！”

一个人戴上了假面具，去从事不正当的事业或职业，那他一定会常常受自己良心的嘲笑，并且还常常鄙弃自己。良心的谴责或内心的羞愧，是很痛苦的。它能减损人的力量，淹没人的品格，它足以葬送一个人的自尊心与自信心。

不管有多么大的利益，千万不可留恋于不正当的职业。假使你要从事这种事业，你最后一定会遭遇失败与不幸。做良心所不允许的事，是足以损害人格，破坏各种精神机能的。

假使上司要你做不正当的事，你可以明白地告诉他，你必须将人格的标记印在所做的每一件事上，否则就不干！你不能将你的人格，你的操守，你的尊严，出卖给任何不正当的机关，或不诚实的领导。

世界上没有任何东西可以引诱你去做“人”所不应该做的事；不要为了金钱而作践你的人格与自尊，去为他人做种种不正当的工作！不管你从事何种职业或事业，你都应该尊重你的人格，保持你的操守。不要忘记，你是在做一个“人”！最初，最后，直到永远。

人格不仅代表一个人的资本，更是道德的保证和最高尚的财富。它是一个植满了人类美好愿望与荣誉的庄园，人们投资于此将会得到报偿，会获得真正的荣

誉和受到人们的尊敬。

一种优秀的人格就是无价的财富，比宝石、金子都更具有价值。赚钱是一种行为，可是，当人的思想变得贫穷时，当它消除了人对美的感受时，当它使道德感变得迟钝，并且混淆了对与错、善与恶的区分时，赚钱就是最恶劣的罪恶行径。

一个人不能光凭面包活着，还需要一种无形的精神食粮。人们需要花很多钱买食物来喂养肉体。而一个健全的人的思想与灵魂，在要求真、善、美方面，比肉体要求食物显得更为渴望而迫切。

不能单一地用金钱来衡量一个人的财富和他的价值。一个人有许多金钱，而心灵一片贫瘠；有一片广阔的庄园，理解力却十分狭隘，那么他的“财富”对他来说意味着什么？他的“价值”将为他赢得什么？一个年老之人将他的一生耗费在追求财富而不是在发展自身上是一件最可悲的事。他的灵魂皱缩成一个吝啬鬼的灵魂，他所有较为高尚的感觉都已经死去，那么，他还会富有吗？

人格比财富更有用。如果一个人丢失了灵魂，那么即便他得到了整个世界，也毫无用处。

5. 品格是人生的桂冠和荣耀

品格是人生的桂冠和荣耀。它是一个人最高贵的财产，它构成了人的地位和身份本身，它是一个人在信誉方面的全部财产。品格，使社会中的每一个职业都成为荣耀，使社会中的每一个岗位都受到鼓舞。它比财富更具威力，它使所有的荣誉都毫无偏见地得到保障。它伴随着时时可以奏效的影响，因为它是一个人被证实了的信誉、正直和言行一致的结果，而一个人的品格比其他任何东西都更显著地影响别人对他的信任和尊敬。

弗兰西斯·培根从小就抱负不凡，一心要做出一番轰轰烈烈的事业来，为了能出人头地，他费尽了心机。女王的宠臣艾塞克斯勋爵曾多次极力帮助培根。但当艾塞克斯勋爵失去了女王的宠信被人诬陷时，从艾塞克斯那里得到好处最多的培根，却见风使舵，竟然主动要求参加起诉。在法庭上，指控艾塞克斯阴谋篡夺王位。结果艾塞克斯被判死刑。培根把自己的恩人送上了断头台……1621 年，他因受贿、舞弊，被投入监狱。

作为英国文艺复兴时期最重要的作家、哲学家的培根，他不但在文学、哲学上多有建树，在自然科学领域里，也取得了重大成就，因何得不到世人应有的尊重？就是因为他丧失了诚实的人格。相反，那些为了坚持真理，不惜牺牲个人利益的人，却往往能赢得世界各国人民的广泛敬仰。请看下面的例子：

罗伯斯庇尔是法国大革命时的领袖，是一个说一不二的铁腕人物。有一次，他为了政治需要，借口反对派在发给士兵的葡萄酒中放了毒，为了增加化验的权威性，他把化验的任务交给了著名化学家克洛德·路易·拜特洛。拜特洛化验后证明酒没有毒，罗伯斯庇尔不满意这个结果，要他修改结论，他不改。为了证明酒没有毒，他当着罗伯斯庇尔的面饮下了酒，后者无法让他修改结论，只得无可奈何地称赞他“真是一个有勇气的男子汉”。

也许拜特洛的成就远不如培根，但他们在人们心目中的地位相差是多么悬殊啊！

一个人即使没有受过良好的教育，能力一般，并且收入菲薄，但是，只要他品格高尚，他同样会产生较大的影响，不管是在车间、会计室、商业中心还是在议会。早在1801年，英国政治家坎宁就曾写道："我的人生之路必定是通过自己的品格获得权力，我不会尝试其他的途径。我对这条道路充满自信。它虽然不是最快的捷径，但它是最靠得住的。"

诚实、正直和仁慈，这些品质并不是与每个人的生命息息相关，但它却成为一个人品格的最重要方面。正如一位古人所说的："即使缺衣少食，品格也先天地忠实于自己的德行。"具有这种品质的人，一旦和坚定的目标融为一体，那么他的力量就可惊天动地，势不可挡。

每个人都应该把拥有好的品格作为人生的最高目标之一。好的方法是使他获得努力的动力的保证。而刚毅的思想观念，作为一种向上的因素，使他的动机保持稳定并受到刺激。人生最好是有一个较高的目标，但是并不是我们每个人都能认识到。英国首相本杰明·迪士累利先生指出："不向上看的人往往向下看，精神不能在空中翱翔就注定要匍匐在地。"

知识链接

诚实、正直和仁慈，这些品质并不是与每个人的生命息息相关，但它却成为一个人品格的最重要方面。

6. 保持一个完整的人格

大千世界，事有迥异，人亦不同。有的人豁达大度，有的人则小肚鸡肠；有的人勤劳勇敢，有的人则懒惰怯懦；有的人积极进取，有的人则自暴自弃；有的人一心为公，有的人则损公肥私；有的人主持正义，有的人则颠倒黑白……人与人的这些区别告诉我们，在我们每个人面前，都面临着一个人格的选择问题。一个人选择了正确的人格模式，就会走向成功，走向美好；选择了错误的人格模式，就会走向失败，走向痛苦。

唐代柳宗元有一篇文章说：扶风之地有个青年人姓马，他说自己十五六岁时曾与许多孩子在凉亭玩耍，有一天忽然从天上降下一个奇妙的姑娘，周身光芒四射，她披着内有白色花纹的青色皮衣，头上戴着一顶一步一晃的“凤冠”。那些富家子弟见了开始是骇然，然后是喜悦，渐渐地向她围拢过来。

这个奇妙的姑娘板起脸孔，大声训斥道：“你们不得胡来！我原来住在玉皇大帝的天宫，往返于星辰之间，呼吸的是阴阳精气。我鄙薄蓬莱，轻视昆仑，都不屑于到那里去。玉帝以我太狂妄之故，把我贬下尘世，七天后我自当回返天宫。今天，我虽然含辱跌落于尘世，但决不能与你们同流合污，你们再这样，回到天宫后，我必降罪于你们！”众人听她这番义正词严的话，都给震慑住了，面面相觑，一个接一个地溜掉了。

这个姑娘起身走进了一座佛寺，居于讲经堂。七天后，她取了一杯水一饮而尽，呼出的气变成了缤纷的云彩，然后她把皮衣翻过来穿好，刹那间变成了一条白色的龙，飞腾直升天空，不见了踪影。人们不清楚她到底去哪儿了，都觉得十分奇怪。

故事结束了，柳宗元在文章最后写道：“假如这位神女被贬落尘世后，心灰意懒，对前途毫无信心，必与世间污垢同流，抛弃人格，苟且偷生。于是，只有在凡间了此一生，岂不可惜！”

这则故事是一个寓言，但以此为镜，可以折射出为人的实况。就像在灾祸中必须镇定自若一样，人在不如意的困境里也要保持人格的完整，决不能丧失信心，放弃努力，随波逐流。若在恶劣环境中沉沦，无异于降低了自我的存在境界，更不要说不断地提升人生的质量。

人的一生，难免有低潮之时，有不如人意的生存阶段，甚至身陷环境恶劣的氛围中。举目四望就会发现周围尽是些卑鄙之人、宵小之人、粗俗之人等等。此刻，你的言行稍不检点，心神稍不稳住，便会沉沦下去，与周围的恶劣环境、卑鄙之人同流合污，那就等于害了自己的一生。

人格是个人的道德品质，也是个人的性格、气质、能力等特征的总和。不可否认，具有高尚人格的人也可能遭遇厄运和不幸。但是，具有高尚人格的人宁可遭遇厄运和不幸，也绝不会放弃高尚的人格，因为他们并不是为了得到回报才保持高尚的人格的。

徐悲鸿19岁时由家乡宜兴到上海去谋生，从此开始了他的艺术生涯。1921年，他到法国去留学，有个外国学生竟当面挑衅说：“中国人愚昧无知，生就是当亡国奴的材料，即使把你们送进天堂里深造，也成不了才。”爱国心强烈的徐悲鸿被激怒了，他说：“那好，我代表我的祖国，你代表你的国家，等学习结业时，看到底谁是人才，谁是蠢材！”

徐悲鸿进入巴黎国立高等美术学校后，既学习油画，掌握人体素描的技巧，又研究马的生理结构，画了一千多幅活马速写。在校头一年，他的油画就受到法

国艺术家费拉蒙先生的好评。在多次的竞赛中，他都获得第一名。1924年，他在巴黎举办了画展，所创作的油画《萧声》《琴课》等，轰动了当地的美术界。那个曾经向徐悲鸿挑衅的洋学生，不得不放下臭架子，承认自己不是中国人的对手。

积善多者，虽有一恶，是为失误，不足以亡。积恶多者，虽有一善，是为误中，不足以存。从历史的观点看，从发展的观点看，从全局的观点看，高尚的人格无疑是命运的保护神。

没有高尚的人格，便没有高尚的事业；没有高尚的人格，便没有高尚的命运。以下是关于人格的经验之谈：

（1）要能够负责、担当，不只是在事务上负责担当，甚至连别人的过错也要替他担当。

（2）讲话要算话。人无信则不立，守信的人别人才放心和他相处。人除了要守信用之外，还要守道义，在道义面前，即使吃亏了也不改变。

（3）凡事要当仁不让，要勤劳，要有开创性。要能扩展事业，不能落于人后。

（4）不能逞匹夫之勇，不能刚愎自用；心胸要宽厚，要像大海一样容纳百川。

第二章
影响人格发展的因素

1. 生理状况是人格形成的物质基础

一般来说，身体是人们进行活动、思维的物质基础。身体状况的好与坏，不仅直接影响到人的体力、智力，而且与人的性格、情绪、兴趣等也关系很大，因而作为一种完整的存在，人格的生理要素是人格中一个基础的和十分重要的内容。人是宇宙中的智慧精灵，劳动和思维是人的本质。换句话说，如果抽去了人的生理性内容，那么人格无异于神格，也就成了虚无缥缈的抽象的精神存在，犹如上帝一样。

一个完整的人格，必须具有生理性意义上的完整性。在人的全部活动中，必然包括作为自然人的那些必须完成的生理性行为，例如饮食、睡眠、性交等，没有生理性特征的人，则没有基本的和正常的生理本能。也不可能有正常的社会性和个性。因为从人格社会化的过程来看，一个人必须经过社会实践，才能受到社会道德和人格思想的熏陶和教育。而这些恰恰与身体状况密切相关。当然，“身残志坚”的人是很多的，但这并不等于身体对人格的形成毫无影响。事实上，许多人因此而消沉。再比如，爱情被称为人类永恒的主题，但谁又能相信，离开了人的生理基础——性的欲望和实现，爱情还是完美无暇的？清心寡欲的“柏拉图”式的爱情只能是残缺的爱情。当然，作为“人类的永恒主题”的爱情，决不是仅仅用性就能完全代表的，其中还包括了男女双方在精神上的高度认同和融合。把爱情简单地归结为性生活，无异于把人等同于一般动物，但又有谁能否认两性的吸引正是人类爱情生活内容中一个极其重要的组成部分呢？事实证明，没有和谐、愉快的性生活，男女的爱情就很难保存下去。总的来说，人格心理要素的具备，使一个人的人格具有整体性、丰满性，使人富有基本的活力、创造力、生命力，而人格心理要素被压抑，则会使一个人的人格变得平庸苍白，缺乏激情，甚至导致神经症和精神疾病。

人格的生理要素还包括个体的遗传、体态、容貌、健康等状况。每个个体都从自己的上一辈继承了一定的生物性基因，这是先天的，不可变更的；不同的个体继承的遗传基因不同，因而在生理上也表现出不同的特征。个体的体态、容貌、健康等情形，虽然与后天的社会生活有直接联系，但不可否认的是，它们也有着先天的痕迹，有着生理方面的意义。

从男性与女性的生理差别导致心理差别来看，也说明身体状况直接影响到人格素质。APA 学者格赛尔（Gesell，A.L.）在研究中指出，女孩大多喜欢英语和社会科学，不喜欢数学。而男孩多数喜欢数学和自然科学，不喜欢英语、法律和拉丁语。在性格上，男孩多数性格开朗，勇敢刚强，果断机智，不拘泥于细枝末节，不计较点滴得失，平时好动、好奇、好问、好想；缺点是粗暴骄横，逞能好强。女孩则倾向于文静怯弱，优柔寡断，拘泥小事，情感较脆弱，但她们办事认真、仔细，善于体贴别人。

人格不仅受身体、生理状况的影响，而且反过来也影响到人的身体状况，中国古典名著《红楼梦》中的林黛玉体弱多病，造成了她的小气、猜疑和尖酸刻薄，而她的病态人格，又使得她的健康每况愈下。医学证明，人的很多疾病都是因心情、性格和心理变化所致。心情忧郁的人常常患神经疾病或消化功能不良；而百病缠身的人，则影响到心情的开朗和性格的豪放。

据此，可以肯定，生理要素的确是人格自我规定的重要内容之一。

2. 道德修养决定人格本质

人的行为举止，受思想的支配。而在所有的思想因素中，道德修养则集中体现了人们的思想品质，从而决定了其人格本质。因此，个体人格是程度不同的道德自律主体。以一定的身心统一方式在一定的社会中活动着的个体，时刻面对与其他个体、群体以至社会的矛盾，总要不同程度地把社会和他人的要求转化为内心的道德自律。这种道德自律，也可以称做为个体人格系统中的良心。一方面，个体人格的道德自律是社会道德系统的要求向个体的内化过程，表现为个体调整自己的行为方式，按照社会的习俗、风气来保持某种符合规范的状态；另一方面，个体人格的道德自律又是个体实现自身潜能与价值，按照一定的方式积极进取和改变社会的过程。它表现为个体人格按照一定的道德价值目标取向，积极地投身于社会道德实践，以清醒的道德主体意识，为道德的进步和发展作出自己的努力。扬善抑恶，以巨大的社会责任感去维护某种道德理想和道德原则，这原本就是健康的道德人格的鲜明标志。

由此可见，脱离了道德实践，不按一定的道德规范和道德原则行事。人就很难在社会上生存。道德，原本就是人们生存发展的内在要求，道德的人格或人格的道德的确是一个完整人格的重要组成部分。因此道德修养是人格形成中十分重要的因素。

3. 心理素质影响人格的发展、完善

人格的心理要素是人之所以为人的一个极为重要的本质特征。不少理论都将人格归结为心理学的范畴，认为人格就是个性。一般来说，人的心理素质对人格形成的确具有十分重要的作用，但不是唯一的作用，更不是决定性的因素。但无论如何，心理素质对人格形成的意义是不容忽视的。

人的心理素质通常表现在人的情绪、感觉、气质、性格、兴趣等诸多方面，并且包含着在各种条件下的发展和变化。心理变化及恒定的成因来源于社会实践和社会教育的刺激，反过来又影响和决定了一定的人格类型。从这一点来说，心理素质与人格素质有着某些共同之处，但两者包括的范围不一样。人格素质更广泛，更具整体性特点。

迄今为止的研究成果表明，人的心理成熟的程度是与人格的发展、完善相对

应的。

从个体人格的角度来看，不同的个体其心理是有差异的，这才构成了我们这个复杂的人际世界的丰富多彩和变化发展。每个个体的感知、情感、注意、记忆、思维、言语、意志、能力、气质、行为的构成模式都不同，从而表现为一个由表及里的、内外统一的、实在而异于他人的矛盾特殊体。其中情感、思维、意志、气质和言行突出反映了个体人格的特点。情感是个体对客观事物的态度的体验，如荣誉感、求知欲、爱情等，都是人的高级情感。不同个体的情感不同，有的深刻，有的肤浅；有的强烈，有的淡薄。思维是人的大脑对客观现实的反应和建构的过程，不同个体思维是不同的，有的灵活，有的呆板；有的长于形象，有的长于逻辑。不同个体的意志，有的坚强，有的软弱；有的持久，有的短暂。不同个体的气质，有的内向，有的外向；有的开朗，有的抑郁。总之，每个个体在其发育成长过程中，受遗传、自我建构和社会大文化的影响，都可以逐步形成一种稳定的、缓慢流变而异于他人的心理状态。

情绪（emotion）会直接影响到感情。情绪不成熟的人，往往凭感情办事，缺乏理性思考。如果仅靠情绪来控制自己的行为，过分重视感情成分，在现代社会是要吃亏的。人类人格形成于以首属关系为社会纽带的农业社会，人们相互之间的关系建立在血缘、地缘基础上，重友情，轻规范，这在当时的条件下是合适的。但到了工业社会，大机器生产和日益复杂的社会生活，要求一种规范严格的科层组织结构。等级关系成为社会的纽带，这时，客观上就要将首属关系从社会生活准则中退出，使其处于从属补充的地位。例如：一个工厂如果从厂长经理到车间主任、科室领导全部是亲属或同乡，过于讲人情，凭个人的好恶和情绪处理工作，那么，这个工厂就非垮掉不可。可见，情绪和感情对人格的形成，对社会群体人格的塑造，都具有举足轻重的意义。

人的性格、气质等心理因素，对人格素质的影响也很大。按传统心理学的理论，人的气质分为抑郁质、胆汁质、黏液质和多血质四种类型。由这四种类型组成了千差万别的性格特征。虽然性格和气质并无好坏之分，但它们对人格的影响却具有不可估量的作用。例如《红楼梦》里的王熙凤，是个“嘴上一团火，心里一把刀”、心狠手辣的泼辣女性。她一向我行我素，从来不管什么“阴司地狱报应”，具有勾结官府、句揽讼词、左右刑庭的通天手段。手下的奴仆稍有差错，轻则责骂，重则“掌嘴”。她的这种人格特征，与其独特的性格气质不无关系。她从小就充做男儿，养成了独断专横、杀伐决断的男性气质，这使她从不悲天悯人，心慈手软。她生长在“龙王来请金陵王”的贵族之家，饱受官场、宦海权术的熏陶，造就了她颠倒阴阳、两面三刀的素质。“粉面含春威不露，丹唇未启笑先闻”。她的狠毒、奸诈、贪婪、工于心计，正是那个扭曲的社会环境中成长起来的扭曲人格的典型反映。其人格特征与其性格、气质是相辅相成的。她的“泼”“辣”“毒”“贪”与她心理上果断的性格，压倒他人的气质一脉相承。“凡是什么事，我说行就行”，突出地表现了她的性格特点。

人格的变态大多与心理的变态相联系，像虐待狂、战争狂，都具有一种病态心理。希特勒不仅对犹太人具有偏激过分的仇恨心态，恨不得把他们赶尽杀绝，而且神经过敏，固执己见，对部下的忠诚无端怀疑。也有一些人，开始时人格是正常的、健康的，能较为客观、公正地处理各种事情。随着社会的发展，事物的变化，由于思想修养、人格修养不能适应新的条件，就逐渐产生了某种“人格危机”。这种危机首先是发生在生活领域，然后反映在心理领域，最后导致整个人格系统的变态。例如我们常说的“不能保持晚节”，大多属于这种情况。

4. 文化素质是人格形成的催化剂

所谓文化，一般可从两个方面来理解：一是泛指人类文明的一切成果，它包含物质文明和精神文明两大部分；或者专指精神文明，是社会发展长期沉积的结果。二是特指成为文字形态的某些知识，这些知识是可以通过固定的方式直接传授的。我们这里将讨论的文化与人格的关系，主要是指文化的后一种含义。

人格素质首先表现为一个人对外部世界的态度，表现为在自我与非我关系上的处理方式。在这一方面，一个人必须具备了解和把握与自己相对应的外部世界的能力，认识个人在社会环境中的地位和角色，以形成思想和行为的特定模式。没有文化知识的人，由于他没有了解自然和社会发展的一般规律，更不了解自我存在的意义，因而他仍然是“浑沌的自我”。其所做的一切，完全是基于浅显的、可见的、直接的目的，他的人格类型是“盲目的”。马克思曾经讲过这样一句话：“奴隶般的忠诚，必然导致奴隶般的背叛。”很深刻，同时也很有道理。缺少文化修养的人，很容易形成悲剧性的人格。历史上农民起义被地主阶级所利用，以及社会上许许多多的“好心办坏事”者，大多是因对外部世界了解肤浅所致。因此，《红楼梦》的作者也极力推崇“世事洞明皆学问，人情练达即文章”的说法。

被马克思誉为“英国唯物主义和整个现代实验科学的真正始祖”的培根，写过一篇著名的题为《论求知》的文章。文章中说：“求知可以改进人的天性，而实验又可以改进知识本身。人的天性犹如野生的花草，求知学习好比修剪移栽。”“精神上的各种缺陷”，都可以通过求知来改善——正如身体上的缺陷，可以通过运动来改善一样。例如打球有利于腰肾，射箭可扩胸护肺，散步则有利于消化，骑术使人反应敏捷等等。同样，一个思维不集中的人，他可以研习数学，因为搞数学稍不仔细就会出错。缺乏分析判断的人，他可以研习哲学，因为它讲究繁琐辩证。不善于推理的人，可以研习法律学等等。这种头脑上的缺陷，都可以通过求知来治疗。古希腊的智者、大思想家亚里士多德，一生治学严谨，人格高尚，是个百科全书式的人物。他通晓数学、逻辑学、哲学、美学、工艺学等诸多学科，涉猎 50 多个学科领域，堪称学问上的一代宗师。而到了中世纪，各门科学都成了神学的婢女，人格变成了神格。

中国古代提倡“女子无才便是德”，认为文化知识只限于男子掌握。即使通过科举取仕的“学而优则仕”的途径，给知识分子提供向上爬的阶梯，也是将文化知识局限在维护封建地主阶级统治利益的范围内。读书是为了明“理”，为了禁欲。因而，统治者长期以来重文轻理，更视应用技术、生产工艺为“雕虫小技”“奇技淫巧”，这是中国古代科学技术仅仅停留在“胚胎状态”的重要原因。文化知识的偏颇发展，相应地带来了知识分子人格上的畸形发展，出现了大批写应景文章、作颂扬诗词的马屁诗人。这些人文不能定国，武不能安邦，但却在“争夺一把破椅子”方面绞尽脑汁、明争暗斗。因此，当外国列强瓜分中国，民族处于危亡之际，一些知识分子便出于对历史的反省，喊出了“科学救国”“实业兴国”的口号。然而，这实在是一种误解。对于一个民族的成长来说，不论是文、理、工、农、医，还是一般的技术知识，都不可偏废。问题的关键不在于强调什么样的文化知识，而在于人民大众文化素质的提高。历代统治者奉行的“民可使由之，不可使知之”的愚民政策，造成了成千上万的“睁眼瞎”“糊涂虫”，他们永远处于被奴役的地位。心灵麻木、人格扭曲，不仅仅是被压迫和剥削的结果，更是文盲和愚昧的产物。

虽然文化知识对人格的形成有十分重要的作用，但不等于说，有了文化知识就一定会有高尚的人格。人格的高尚与否并不绝对取决于文化修养的高低。文化修养不过是人格形成过程中的一种催化剂，它不能代替人格的道德修养、意识修养、行为修养和情操修养。实际上，在人们的社会实践中，环境影响、教育（尤指人的社会化过程的思想道德教育）和个人的实践水平，才是人格形成中的决定性因素。文化知识修养不过加速了这些因素的作用。故一方面它是末，另一方面又是本，二者的地位和作用不一样。换个角度来说，如果人们的实践水平和环境影响是反方向的，例如处于叛逆心理的青少年，或者处于军国主义营垒中的狂热分子，其文化知识水平越高，则越会使其反社会的人格加速形成，或者将它精巧化。纵观历史和现实生活，在不少人格低劣的奸诈之徒、卑鄙小人之中，并不乏饱学之士，他们利用掌握的知识和技能，专门研究和思考如何坑害百姓、欺骗他人。由此可见，文化知识对于不同人的人格塑造来说，其作用是完全不同的。

文化知识作为人们认识世界、改造世界的手段，本身并无确定的方向性，它只有与人们的其他修养结合起来才能起作用。对于朝着高尚人格的塑造方向努力

的人来说，文化知识的提高是如虎添翼；而对于那些朝着卑劣人格的塑造方向努力的人，文化知识的提高则加速了他们的滑坡过程。然而，我们并不能因为存在后一种现象而因噎废食，反对文化知识的学习，恰恰相反，只有不断提高人民大众的文化水平，才能使高尚人格和高尚的社会风气的形成具备坚实的基础，也才能辨别、识破和战胜由文化知识乔装起来的反社会的人格现象。

知识链接

文化知识作为人们认识世界、改造世界的手段，本身并无确定的方向性，它只有与人们的其他修养结合起来才能起作用。

5. 社会诸因素对人格形成的影响

从根本上看，人格就是人内在的道德素质、思想及行为模式的统一，因此，人格受意识形态、社会风气、社会思潮和社会价值观念等因素的影响极大。

社会意识对个体人格的影响

任何意识都是社会存在的产物，但反过来又对社会存在产生影响。

据报道，法国近年来，一种“新个人主义思潮”在整个社会蔓延，热心于社会活动和公共事业的“公民”已越来越少，取而代之的是20世纪80年代的那西塞斯式的个人，是集实用主义、犬儒主义、个人主义和享乐主义于一身的“新个人”。这些人变得更加孤独、自私、狡黠，无任何理想，野心勃勃又彬彬有礼，为了成功可以不择手段。他们比较关心自己的身体，注意保持优美的形体，热衷于健身和健美。锻炼的形式也以个人活动取代了集体的活动，绝对没人愿踢足球。不少学者对这种现象进行研究。认为这是现代社会致命的绝症，是“充满怀疑的社会孕育的，被社会危机接生下来的畸形儿”。社会思潮是时代意识的晴雨表，能准确地反映社会意识在各个时期的变化情况，并对既存的人格产生冲击。而代表社会发展方向的社会思潮，可使整个人格解体和重组。

社会风气是社会思潮在社会行为上的表现和展开，是社会思想和行为的总和。美国学者研究了欧洲历史，发现中世纪的人对自己的工作都是兢兢业业，奴隶般地忠心耿耿，从而形成对工作的屈从风气。在18世纪的德国，一种卑鄙的、奴颜卑膝的、可怜的商人风气渗透了整个国家。一切都烂透了，动摇了，眼看就要坍塌了，简直没有一丝好转的希望。风气一形成，就很容易成为一种行为和思维定势，形成一种普遍的人格，伟大的日耳曼民族此时几乎连消除已经死亡了制度的腐烂尸骸的力量也没有。在当代美国，吸毒成风，许多人为了逃避现实，寻求麻醉和安慰。只好借助于毒品的力量，人格颓废，精神萎靡，道德沦丧。有关专家指出，毛泽东是塑造人格力量的巨擘，他一向重视党风、校风、民风的建设，多次展开独特的整风运动，并亲自制定“团结、紧张、严肃、活泼”的八字方针，培养了大批人格高尚的革命战士，为中华民族的民族解放奠定了坚实的基础。

人际交往的作用

在人格的发展过程中，最重要的因素是人与人之间的交往。人们的“物质交往”——首先是“人们在生产过程中的交往，乃是任何另一种交往的基础”。在物质交往的基础上，才产生了思想、观念、意识这样一些人格结构中的主要内容。在早期人类的生产活动中，比较多的是人与人之间直接的、面对面的交往。但是由于商品经济不发达，整个社会之间不存在商品交换的条件，因而人与人之间的交往就受到广度的限制，因此，在这种条件下产生的人格特点，就更多地带有局部的相似性。

在社会交往中，人与人之间的思想和行为表现，都不可避免地会对其他人产生暗示作用。所谓暗示，是指一个人把自己的意志、观念、思想，通过自己的语言（包括有声语言和无声语言）和行动传达给他人并引起他人反应的行为方式。这种暗示是社会交往中出现的普遍现象，是暗示者有意或无意地影响他人的一种行为。暗示并不要求公开说明行为的意向，其意思表示隐含在各种行动上，或者以隐晦的语言表达出来。对于受暗示者来说，可以根据自己的经验对别人的行为作各种暗示含义的理解。接受暗示的对象或许理解这种意向，或许不能理解这种

意向，现实生活中所谓的“表错情”，就是对暗示的误解。当然，任何一种社会行为都可能对别人起暗示作用，但并不是所有的社会行为都能够成为暗示。一种行为只有当它足以或已经引起别人反应并产生模仿时才能成为暗示。模仿又分为有意识的模仿、无意识的模仿及合理的模仿三种类型。有意识的模仿是适应性模仿，比如到了一个新的工作、生活环境，为了便于顺利地生活或开展工作，而有意识地模仿别人。这种模仿对人格的影响虽然较大，但模仿者处于被动的社会化过程，容易兼收并蓄，将别人不好的意识、行为和习惯也学了过来。无意识模仿没有考虑模仿行为本身的理由和意义，是在感染的基础上产生的机械照搬的动作。于不知不觉中照着别人的模式做，儿童模仿父母的动作，就属于这一类。这种模仿是人的社会化过程中的重要阶段，是形成人格的基础部分。通常所说的潜移默化大多指的是长时期的无意识的模仿。合理的模仿是模仿行为中的最高级类型，它是经过模仿者思考之后的有选择的模仿，对于被模仿的暗示行为的意义是了解的，并且经权衡之后作出了有关利弊的价值判断。这种模仿行为的产生，表明人格的发展已经进入自觉的阶段。

法国社会心理学家塔尔德（Tarde，J.G.）于1890年出版的《模仿规律》系统考察了模仿的总则和影响模仿的社会因素。如读者有意在这一方面进一步学习，请参阅此书。

群体人格与个体人格

个体人格的形成发展，还要受到社会大文化环境的制约影响。社会的形态、结构、经济、政治、科技、教育、习俗等因素，通过家庭、学校、舆论等多种渠道持续地、“无意识”地渗入个体的身心，从而形成个体人格中的“社会基因”的积淀。这种积淀达到一定的厚度，便可形成个体的较为稳定的价值取向，换句话说，人格一方面具有生物学意义上的遗传性；另一方面又有所谓的“社会遗传”，每一个时代的个体人格中，必然融进社会的内容，而不可能超越那个时代的现实规定性。

著名的文化人类学家马林诺夫斯基在《文化论》中认为，不同的种族之间既存在共同的文化因素，又存在较大的差别，在他看来，“文化可以使人格深深地改变，所以，无疑地，文化可令人放弃他的自私”。通常都认为德国人善辩，俄国人机敏，美国人求实，法国人浪漫，这都是因文化差异而造成的人格差异。

所谓同一民族，实质上即是生活在共同地域，拥有共同文化和习惯以及共同的语言、宗教及祖先崇拜的一个具有社会学意义的生物群体。“国际的”一词，实际就是指“各民族相互间”的意思，即指相互间有自己的发展历史，有自己的文化、风俗和习惯，有大体上相同的心理素质和类似的生活方式、生活条件，因而相对于异族来说能产生心理上的认同感，也更容易形成有自己特点的群体人格。同样，每个民族也都由此而产生了自己独特的人格评价标准。用本民族的人格尺度去衡量其他民族人格的优劣，其结果必然导致民族歧视。这是在个体人格的形成和发展中所必须注意的一个问题。

极其重要的道德意识

道德一经形成就会产生强大的舆论力量和感召力量，从而规范人们的思想和行为，所以人们历来都十分重视道德建设的作用，把它看成是人的社会化过程中不可缺少的中心环节，看成是人格的核心要素。道德的层次性导致了对道德准则的价值难以界定，例如，在西欧封建社会，各个城堡之间为了争夺统治地位和权势，展开了一场场你死我活的明争暗斗。其手段无所不用：卑鄙奸诈、阴险毒辣、落井下石、借刀杀人、以怨报德，只要能达到目的，即使是亲生父母、骨肉同胞，也可以赶尽杀绝，置之死地而后快。在当今我们生活的时代，对于某些人来说，只要能赚到钱，能获得最大的利润，就“不惜冒绞首的危险”“敢于践踏人间一切法律”，赚钱是其最大的“道德”，人格的尺度完全是按其拥有金钱的数目来测量的。个人如何面对这一切呢?

无疑，当社会发生变革的时候，会出现道德上的某些变化，甚至会产生道德危机，从而影响到人格形成以及人格评价标准的变化。其原因是社会奉行的道德规范及法律规范、行为准则等，必然与现实生活中的基本价值观念相联系。当社会变革处于开始阶段时，旧的规范出现破损，社会一下陷入迷乱状态，人们还不能马上适应新时期所要求的那些行为准则和价值观念，不同的阶层、不同的身份乃至不同的年龄之间，对于新旧规范的认同有一定的差距。这种差距反映在心理上，就形成不同的社会思潮。相对稳定的社会思潮扩展开来，就会在一定程度上改变人的思想，改变人的行为模式，改变人的人格形态。美国在20世纪六七十年代曾经出现过所谓“垮掉的一代人”，也称嬉皮士，就是因当时美国经济滞胀，竞争激烈，年轻人看不到前途，感到迷惘，于是用奇装异服、古怪的发式、歇斯底里的吼叫来麻醉自己，逃避现实。

最近几年中国经济高速、稳定地发展，取得令人瞩目的成就。与之相对应的，道德价值观念亦发生了一定的变化，此变化同时也是中国经济发展的潜在动力。开拓的精神取代了保守思想，创业者的价值观必须符合新时期的新道德；平均主义，吃大锅饭，终被合理的个人新利益观念所代替；社会主义存在竞争也是道德的；允许一部人先富起来，拥有资产也是道德的……商品经济带来的变化，打破了中国传统的在自然经济和半自然经济条件下所形成的保守的道德格局，使一大批开拓者、创新者、劳动致富者、精明的企业家纷纷涌现出来。这些开拓者的创新人格以及企业人格形成了中国新的人格特征，使当代中国人充满生机、活力和开创精神。这是道德价值体系转换对个体人格变化的显著明证。

知识链接

文化可以使人格深深地改变，所以，无疑地，文化可令人放弃他的自私。

第三章
自强自律 超越自我

1. 了解自己、把握自己、发展自己

所谓“自我角色认同”，即希望了解自己、把握自己和发展自己，产生普遍的程度不一的自我认同心理。从少年开始，由于语言、文字的掌握，记忆、思维的发展，人的心理感受面大大扩展。通过阅读书籍、观看演出、聆听教诲（成人的赞同、鼓励或反对、禁止）等各种施教形式，受到社会各类角色的感染而产生共鸣。这些不同的社会角色类型都会成为少年自身心理和行为认同的对象，或羡慕、效仿、向往，或避忌、厌恶、抵制。进入青年期，他们已能够进行较稳定的独立思考，对未来的社会角色进行设想。他们往往会向自己提出这类问题：我究竟是什么人？过去是怎么样的，将来要成为怎么样的人？这些问题和各种各样的目标设计，他们时常在日记、作文或跟知心的同伴谈话、通信中流露出来。青年人几乎都喜欢从伟人传记和书刊报纸中摘取跟自己的社会角色期待对得上号的警语、格言来鞭策自己、勉励自己。小说、戏剧等文艺作品中主角的喜怒哀乐和胜利、挫折，最能在青年人当中引起反响和激动。影星、球星、歌星等由社会宣传媒介树立起来的各类“明星”人物，也最容易在青年、少年当中形成崇拜热。美国青年人最喜欢的人是谁？不是总统，而是篮球明星飞人乔丹、魔术师约翰逊、橄榄球明星辛普森……这些常见的社会现象都表明，青年人的心理及行为不但迫切地希望了解身外之物，也迫切地希望了解自己。企图借助其他事物来对照自己、认识自己和表现自己、设计自己，以产生自我实现的强烈愿望。APA 著名心理学家埃里克森（Erik-son，E.H.）认为，青年期人格发展阶段的主要内容，就是完成“自我角色认同”，即力图把握自己的过去、现在和未来发展的内在连续性，认识自己和所处社会生活环境的同一性。如果一个人的婴幼儿期和少年期心理发展阶段获得的是信任感、安全感、自主感和勤奋感，到了青年时期自我角色认同的问题就可以比较顺利地获得解决，其人格心理和人格行为就易适应所处社会的变化发

展。相反地，如果其婴幼儿期和少年期阶段心理发展获得的是恐惧感、失望感、自卑感和怀疑感，青年时期就容易出现自我角色认同的混乱。例如，权威性混乱，或一意孤行、或一味盲从；时间性混乱，或办事急躁、或办事拖沓；情绪性混乱，或喜怒无常、或深藏不露；两性混乱则极易导致各种性变态。所以青年时期自我角色认同的心理发展阶段是人的一生中人格发展的转折时期，它对成人人格的形成具有关键性的意义。

2. 树立良好的自我形象

卡耐基这样告诉我们："发现你自己，你就是你。记住，地球上没有和你一样的人。在这个世界上，你是一处独特的存在，你只能以自己的方式歌唱，你只能以自己的方式绘画。你是你的经验、你的环境、你的遗传所造就的你，不论好坏与否，你只能耕耘自己的小园地；不论好坏与否，你只能在生命的乐章中奏出自己的音符。"

愉快地接纳你自己，这是一个人生活美好的关键。本世纪最重要的心理发现之一便是证实了人的"自我形象"的存在。不论我们是否意识到，我们每个人都有一个心理上的自我肖像。它就是"我属于哪种人"的自我价值判断，是建立在每个人的自我信念之上的。

当一个人充分地自我接纳，即自我形象完整和稳固时，他便会有良好的感觉，他的言谈举止和才能将会发挥得更出色。倘若一个人的自我形象模糊混乱，则会限制甚至会扼杀自己的生命力。

一位心理学家做过这样一个试验，他从一个班的大学生中挑出一个最愚笨、最不受人喜爱的姑娘，争着向她献殷勤，请她看电影、跳舞等。一年之后，这位姑娘不仅容光焕发，而且言行举止也同从前判若两人。其实她并没变成另一个人，可在她身上却展现出一个人所隐藏的美。这种美只有在人们相信并接纳她时才会展现出来。

另外有一个与此相反的例子，一位名叫马杰的美国整形外科医生，以善做面部整形手术而著称。他曾将许多面目丑陋的人变为漂亮的人。但他发现，一些人虽然手术很成功，可仍抱怨说整形后的面容没什么改变，于是他悟出了这样的道理：美与丑并不仅仅在于一个人的面貌如何，更主要的是人怎样看待自己。

一个人的自我价值往往不能由别人来证实，而首先要由自己来确认。要想愉快充实地展开你更丰富的人生，就必须有一个良好的自我形象陪伴着你，这样就不难成为自己所希望成为的那种人，从而在生活中充分展示自我。

对真、善、美的自信，对一个人愉快地接纳自己尤为重要。要想选择更为积极的自我形象，首先要学会自爱，这就要求必须要有健全的自尊心。你就是你自己，无须自我怀疑，自我摈弃。

长期担任菲律宾外交部长的罗慕宾，他即使穿上鞋，身高也只有 1.63 米，然而他却从未因身材矮小而自惭形秽。他在一篇文章中，不无自信地认为："一个人有没有用，和个子大小无关，反之，身材矮小可能真有好处。历史上许多伟大的人物都是矮子。贝多芬和纳尔逊都只有 1.63 米高，但是他们和只有 1.52 米高的英国诗人济滋及哲学大师康德相比，已经算高大的了。"

这位当代国际舞台上的名"矮人"，不仅坦然地接受了自己的身材，而且还充满自豪感地向世人宣告："我但愿生生世世都做矮人。"

有关研究表明，许多人的自我形象往往是根据童年时代的经验而不自觉地形成的。童年时期受人喜欢的孩子，从小就觉得自己是因为聪明漂亮才受别人赞赏的，因而他就尽力使自己的言行与这个自我形象一致，久而久之，它就变成真实

的了。而那些从小就不得宠的孩子，总将自己和一些消极的行为联系在一起，与此有关的思想、观念等就潜移默化地进入了他的内心图像，成年之后许多人就真的形成了消极的自我形象。

既然自我形象是一个人能否愉快地接纳自己的关键，那么不健全的自我形象是否能够改变呢？心理学家的研究证明，它是能够改变的。一个人无论年龄大小，都可以有效地改变他的自我形象。这种自我改造首先要改变对自己的看法。

古希腊哲人达勒斯说过："知道自己。"而如何学会愉快地接纳最有价值、最有活力的人——你自己，则同样是人生的一大难题。

3. 树立高尚的信仰

所谓信仰，大而言之是人灵魂的归宿，是对人生意义的理解和对人生理想的追求，也是真实自我的体现。小而言之是做人的底线，是生活的信条，是判断是非善恶的基本立场。

一个人真正的财富是他的信仰和信念的力量。著名社会学家周孝正用四句话概括了信仰的真谛：对大自然的心灵感受、对未知领域的敬畏心情、对社会公正的内心追求、对美好人生的情感寄托。

从根本上来说，世界上本无是非善恶，因为一切事物之所以存在，就一定有使其存在的理由。而人在生活中又无时无刻不在进行各种各样的选择，许多选择必须基于对是非善恶的判断。由于这种判断并不存在一个客观标准，这个标准只存在于每个人的个人价值观之中，所以人需要有一个信仰来支持这种价值观。

人生的意义何在，活着的价值是什么？人不是商品，但每个人都有价值。有权有钱只能体现人生富贵，不能体现人生价值。体现人生价值的是知识、劳动和奉献。信仰使人坚定，使人崇高、奉献。

现在年轻人最缺的就是信仰。我们也在困惑，有些信仰要不要再坚持。民族性的信仰危机导致的就是全社会的道德大滑坡。人们忙忙碌碌、追逐名利，官场上尔虞我诈，商场上为富不仁，有权者横行霸道，有钱者物欲横流。社会在呼唤良知，在期待信仰。

信仰从宽泛的角度去讲就是宗教信仰。任何宗教都是劝人向善，慈悲为怀的。有宗教信仰的人，他会与人为善，对社会负责。一个人没有信仰，就会导致道德低下、不择手段、为所欲为；一个民族没有信仰，就会导致人心混乱，廉耻颠倒。事实上，世界上所有民族都曾有过自己的信仰。每个成就事业的人，都应该有自己的信仰。

做人要有高尚的信仰。俗话说："不遭磨难不成佛。"其实这句话应该有个必要的前提，那就是一个人首先要有信仰，然后才经得起磨难，有所作为。否则一旦磨难临头，说不定马上就改弦易辙，或者略坚持一时也就放弃了。

"一个人追求的目标越高，他的才能发展得越快，对社会就越有益。"这是一种生命和自我的觉醒，是对信仰的超越，是人生的最高境界。达到这一层次需要自身的"慧根"和一定的机缘，一般说是可遇不可求的。人生因为有了坚定的信仰，才有了不懈追求的勇气与动力，那么，人财两旺的美好理想就与你为期不远了。

知识链接

生命和自我的觉醒，是对信仰的超越，是人生的最高境界。

4. 寻求较高的目标

1888 年，法国巴黎科学院发起一次有奖科学征文活动，要求参加者在提交一篇论文的同时还必须附一条格言。38 岁的俄国女数学家柯瓦列夫斯卡雅的论文和格言被认为是最有价值的。她的格言是："做自己想做的人。"她以行动实现了自己的格言。在妇女毫无地位的19世纪，她成了走进法国巴黎科学院大门的第一位女性，也是数学史上第一位女教授，她的人生目标也因此而得到了充分的实现。

美国当代著名的心理学家马斯洛（Maslow，A.H.）曾将人的基本需要划分为五个层次，并按顺序从低到高排列如下：①生理需要。即通常所说的“衣、食、住、行”等基本生存需要。②安全需要。主要指人对秩序、稳定、工作和生活等方面有保障的需要。③归属和爱的需要。在这一层次上，人们强烈地感受到需要朋友、爱人、孩子等等，并渴望在自己的生活圈中占据一席之地。④尊重需要。它主要分作两类——自尊和他尊。⑤自我实现的需要。马斯洛把这种需要描述成“一种想要变得越来越像人的本来样子，实现人的全部潜力的欲望”。

按照这种分类，自我实现的需要是健康人格的最高层次，而依这种健康人格理论行动的人就是一个自我实现的人。按马斯洛的需要层次理论，人的需要层次越高，人的社会性就更浓，也就越会导致更丰富、更有价值的人生目标，从而为健康人格的发展提供一个明确的参照目标。所谓自我实现，通俗地讲可以认为是一个人在现实生活中，不断寻找通过努力可以实现的较高的目标指向，从而在不断的创造性活动中开创美好生活，使生活进入一种较为高尚的境界，人格上升到一个更高的层次。巴甫洛夫认为，在人的一切活动中，“目的反射是生命存在的基本形式”。因此，“整个的生命，它一切的改进和进步，所有的文化与文明，都是通过目的反射而促成”。一个人生活目的的层次的高低，也就意味着人生价值实现的程度，这正如俄国作家契诃夫所说的：“我们以人们的目的来判断人的活动，目的伟大，活动才可以说是伟大的。”

当一个人将自己的人生目的和较高的需要层次联系起来时，他就具备了明确的实现目标，成为他一切言行的指向。为了向这一目标逐渐地靠近，还要建立起与之相应的思想结构、道德结构、人性结构、文化结构、心理结构、审美结构等等，因而相应地他的人格结构也会逐步走向完善。对每一个人来说，自我实现的一个重要条件，就是制定远大而又具体的目标，并调动起自己的全部潜力执着于自己选定的目标。这样，一个人的生命就是充实而完满的，它将使理想中的“我”与现实中的“我”统一起来，把理想人格目标的期望值和现实奋斗统一起来，最终完成自我实现，建立健全的人格。

约翰·戈达德在13岁时，就把他一生中想干的事列成一张表，譬如，到尼罗河、亚马孙河和刚果河探险；登上珠穆朗玛峰、乞力马扎罗山和麦特荷恩山；驾驭大象、骆驼、鸵鸟和野马；探访马可·波罗和亚历山大走过的道路；主演一部像《人猿泰山》那样的电影；驾驶飞行器起飞降落；读完莎士比亚、柏拉图和亚里士多德的著作；谱一部乐曲；写一本书；游览全世界的每一个国家；结婚生孩子；参观月球……这张表共列有360个目标，当他制定了自己的目标之后，从16岁开始便抓紧一切机会来实现它们。到了59岁时，戈达德已经完成了其中的106个。在实现这些目标的过程中，他历经艰辛，有过18次死里逃生的经历。

诚然，如戈达德后来所说的，他在少年时期确立的一些目标未能实现，如攀登珠穆朗玛峰或当影星等，但他却认为正是这些较高的人生目标，对提高他的生活质量起了决定性的作用。

已故的周恩来总理，在少年时候就有“为中华之崛起而读书”的志向，并以此目标激励他的一切言行。他的一生曲折沉浮，但在中国和世界历史的舞台上都留下了光辉的一页，成为被世界人民崇敬的英雄。

自我实现未必都体现在建立奇功大业的目标方面，而主要是给人提供一个乐观的、积极进取的人生观。“驼负千斤，蚁背一粒”。一个人只要竭其智尽其能，尽可能最大限度地实现自己力所能及的人生目标，那么他的创造性就不会受各种事业种类和领域的限制。

这就涉及在自我实现过程中，一个人如何恰当地选择自己的目标定向问题。这应从两方面来考虑，一方面要实事求是地估价现实中的自我。如个体的兴趣如何、在哪些领域有优势、自己的人际关系如何等等。另一方面则要力求在现实的自我基础上建立起理想的自我，也就是自我实现的人生目标和理想人格的期望值。具体地说，它要根据以下这样两条原则。

（1）可行性

它是指一个人的目标要符合个体的实际条件，使目标和现实之间有衔接的可能性。过于自信的人，在目标的确定中总是倾向于高估自己的能力而好高骛远，不切实际。而信心不足的人制定的目标则要求太低，伸手可及，根本就不可能激发一个人的奋斗激情。只有把目标定得切实可行才能脚踏实地，循序渐进。

（2）超限性

在可行性的基础上，以理想自我作为基础，提高自己的目标要求，甚至在某些方面提高到一个人的极限。这种超限性的优点就是能最大限度地发掘个体的潜力，使人每时每刻都处于目标的激励之中。这样，一些看来似乎无法达到的目标，只要个人全力以赴地投入进去，常常会获得成功。约翰·戈达德虽然有 18 次死里逃生的经历，但他却实现了许多在常人看来想都无法想的目标。

可行性和超限性两者是互为补充的。在可行性基础上的超限性，可以使人保持较高的目标要求，并使其永远充满新鲜的活力和旺盛的生命力。这正如居里夫人曾经说过的："我相信我们应该在一种理想主义的基础上去寻找精神上的力量，这种理想主义要能够不使我们骄傲，而又能使我们把希望和梦想放得更高。"

如果牛顿、爱因斯坦、居里夫人、林肯等各个时代的精英人物，没有以探索宇宙的奥秘作为自己奋斗的目标，没有改造时势的远大抱负，那么他们怎么会有坚韧不拔的献身科学、献身社会的精神？在社会学中有一个角色定位的问题，只有解决了这个问题，人的社会化才能顺利地进行。角色定位也就是人生目标的确定问题。每一个人都应该按照上述原则给自己确定一个目标，企业家、艺术家、厨师、园艺师等，只要目标合情合理，并不懈地去奋斗，谁又能断定你不能成为理想中的"你"呢？

生命的意义在于美好，在于向往目标的力量，应该使生活的每一个瞬间都有崇高的目标。我们寻求较高的目标指向，正是立足于现实自我，建立理想自我，追求自我价值实现这一高层次的人格需要。

知识链接

生命的意义在于美好，在于向往目标的力量，应该使生活的每一个瞬间都有崇高的目标。

5. 追求目标要锲而不舍

如果你制定了目标，又定期检查工作进度，你自然就把重点从工作本身转移到工作成果。衡量成功的尺度不是看做了多少工作，而是看达到目标的程度如何，追求目标应如同情场锲而不舍的白马王子，直至征服骄傲的公主为止。

然而，不成功者常常混淆了工作本身与工作成果。他们以为大量的工作，尤其是艰苦的工作，就一定会带来成功。但任何活动本身都并不能保证成功，并不一定是有利的。一项活动要有用，就一定要朝向一个明确的目标。也就是说，成功的尺度不是做了多少工作，而是做出了多少成果，赚了多少钱。

有些人的一生，只是遵守着自己的本能、习惯、传统、先例、过去的经验、惯例。虽然干活很卖力，但毫无成果。许多人生的失败者就是单纯地以为忙碌就是成就，干活本身就是成功。

单单用工作来填满每一天，这看来再也不能接受了。做出足够的成果来实现目标，这才是衡量成绩大小的正确方法。随着一个又一个目标的实现，你会逐渐明白要实现目标需要花多大的力气。你往往还能悟出如何用较少的时间来创造较多的价值。这会反过来引导你制定更高的目标，实现更伟大的理想。随着你的工作效率提高，你对自己、对别人也会有更准确的看法。

被百年哈佛称为“人生教科书”的美国石油大王哈默就是一个成功的典型。

哈默是一个美国的实业家兼商人，他追求目标，有一种锲而不舍的精神，正是这种锲而不舍的追求精神，成就了他的创富大业。有一次在一块租借地上连打三口井，滴油未见，合伙人要求撤下，但哈默凭第六感觉认为有油，坚持打下去，果然打出了八口高产油井。

故事还得从头说起。

1969 年的哈默踏上了利比亚的土地。国王伊德里斯一世在王宫的宴会上对哈默说："真主派您来到利比亚。" 这话表示了这位胡子全白的领袖对哈默这个世界出名的人物的尊重与敬佩。

哈默到了利比亚才发觉，除了美国为维持其轰炸机基地而支付的费用外，利比亚几乎无其他外来财政资助。在早年意大利占领期间，墨索里尼为寻找石油花费了千万美元而一无所获。埃索石油公司也花费了数百万美元，打了好几口井仍不出一点油，只好打道回府。另外还有壳牌公司，耗资 5000 万美元打出的全是废井。法国公司也好不到哪里。

只是当埃索公司准备撤离时却打出了一口油井。于是许多人又重新对利比亚这块土地产生了兴趣，认为说不定这里是一个聚宝盆。

哈默到达利比亚时，正值利比亚政府准备进行第二轮出让租借地的谈判，出租地大多是原先某些公司所放弃的地域。根据利比亚法律，各国的石油公司应尽快开发其租得的地域，如打不出油，就须将部分租借地归还利比亚政府。

谈判开始后，来自 9 个国家的 40 多个公司参加了投标。这些公司大致分为三类：第一类是财大气粗的国际性大石油公司，像埃索、美孚、壳牌等；第二类是像哈默的西方石油公司这样的第二梯队，它们的规模较小，但具有行业经验，利比亚也希望其参与竞争；第三类是一些投机性的转包公司，希望得标后再转手卖出，以从中渔利。

尽管哈默同伊德里斯国王建立了良好的私人关系，但公司的实力还是很有限的。哈默与匆匆赶来的董事们分析了第二轮谈判的形势，在四块租借地上投了标。等到开标时，哈默得到了其中的两块。一块是被壳牌等几家组成的"沙漠绿洲"财团认为无望出油而放弃的；另一块是莫尔比石油公司耗资百万美元竟是干井而匆匆撤走的地块。

哈默对中标的两块地并不很满意，但他还是下了大本钱，立即开始打井。刚开始，公司在第一块租借地打的头三口井滴油不见。西方石油公司第二大股东里德坚持要撤出利比亚，说："这里不是我们这样的小公司应该去的地方，已扔了 500 万美元，还能扔得起多少？"

这是一番经验之谈，小公司不可能花大本钱开采这种没有几分把握的地块。但是哈默的第六感觉却促使他坚持在这里打下去。他认为应该不放弃最后的努力。

几周后，一台西方石油公司的钻机在几家优柔寡断的大石油公司所放弃的地块下面钻出了油，接着又打出了 8 口油井。而且这是一种异乎寻常的高级原油，含硫量极低，每天可产 10 万桶原油。

更重要的是，这个奥吉拉油田在苏伊士运河以西，产出的石油通过地中海和直布罗陀海峡，不到 10 天就可以运抵石油奇缺的欧洲国家。而当苏伊士运河不通时，大量的阿拉伯石油被迫绕道好望角历时两个月才能运抵欧洲。

与此同时，哈默的好运气又在第二块租借地上出现了。西方石油公司利用新的地震勘探技术，仅耗资 100 万美元就打到了一口珊瑚礁油藏，不用油泵，石油也会无休止地喷涌而出。不久又打出了第二个日产 7.3 万桶原油的珊瑚礁油藏。

至此为止，哈默这个规模不大的西方石油公司竟成了利比亚最大油田的主人。他得到了比奇特尔公司的支持，着手进行一项耗资达 1.5 亿美元的油田开发计划，要铺设一条耗资巨大的输油管道，全长 130 英里，日输送原油 100 万桶，是利比亚境内最大的输油管。

哈默这种“追求目标，不放弃最后的努力”的执着精神，是我们每个人都必须学习的。浅尝辄止，遇难就退，是做任何事的大忌。

6. 唱自己的歌

那天去看花卉展览，一朵怒放的玫瑰吸引了众人的目光。笔者在欣赏之余，无意间发现了它边上有一株小草。突然间狂风大作，暴雨倾盆而下，人们纷纷跑去避雨。雨过天晴后，我再出来看时，那朵艳丽的玫瑰已被雨水打得凋残，可那株小草却更加青翠，充溢着旺盛的生命力。

我由此想到了人生。我们可能并不显赫一时，可能永远只是芸芸众生中渺小的一员，但我们仍然要用顽强的生命力奋力地唱自己的歌。拜伦爵士说：我生来绝不是为世俗这沉闷的戏文扮演繁忙的配角。我们也许并不能在世间唱主角，但我们起码要做我们自己人生的主角。这是我们作为人的最基本权利，是维护我们人格的最基本要素。

记得少年时代受了许多教育，比如大公无私、助人为乐、为人民服务等，那时觉得为自己生活是一种肮脏的想法。但当走上社会，搏击于人生战场时，却发现这里人人都是唯利是图的，能在这里取得成功的，往往就是那些为达目的不择手段的人。被正统宣传所尊崇的道德品质，在现实的社会里却并不值钱。你道德高尚，大家不会因此而来巴结、讨好你，但如果你有钱、有势力，那么，众人就会对你趋之若鹜。人生价值的天平，明显地倾斜于后者。我突然有受骗了的感觉，被所受的教育所愚弄。人怎么可能大公无私？人怎么可能不为自己？不为自己而生活的人，一定没有享受过生活；只有为自己而生活的人，才懂得享受生活。

我记得曾在电视中见到一些“痴人”。有的耗其毕生精力收藏书籍，为了省钱买书，一天可以只吃两个馒头；有的收集毛主席像章，终生乐此不倦；甚至有的为收集古钱币，踏遍万水千山，终身不坠辍其志。当然我并不是赞赏他们的爱好，但我却不得不佩服他们人生中的这一种“痴意”。一个人不论他是否成功，是否伟大，只要能毕其一生去“痴意”于某件事，这本身就是值得歌颂的。人就是要有一种“痴意”，“痴意”也正是人的一种不朽精神啊！

最令我感动的是菲亚特集团老板的独生子，放着亿万家产不继承，却痴心干自己的艺术梦想。人活着就要干自己所喜欢的事啊！当然这句话说来简单，做起来却难。我们大多数人所耗最主要的精力干的事，往往是由于经济的压力，为环境、社会和家庭，被迫去做的，我们只是在为生存而生活，这样的生活怎能忍受？生活就要轰轰烈烈，生活就要能遂自己的心愿。如果一个人终其一生都没能摆脱束缚，努力、认真地去干自己所喜欢的事，甚至还不知道自己喜欢干什么，那这一生又有什么意思？至多也只能算是随潮流来到世上，又随潮流消逝于世间，没有闪耀个性的火花。我们不谈崇高的理想，但我想做人最起码、也是最重要的不就是要努力挣脱束缚，去干自己所喜欢的事，并让此成为主宰生活的主旋律吗？当然这需要能力，但不论我们的能力能否达到，这总应该作为我们内心的奋斗目标。

一个人怎样掌握自己的命运，比命运是怎样更为重要。

我们都是地球上的过客，人生只是短暂的一瞬间，死后一切都将灰飞烟灭，如果我们不努力去做自己所喜欢的事，不唱自己的歌，又怎对得住自己？唱自己的歌正表明了现代人的务实精神以及重视自身价值，是平等、自由思想在人生观上的体现，是一种进步的道德意识。

活着就要有自己的生活信念、人生宗旨，你可以追求轰轰烈烈的人生，也可以固守“宁静以致远，淡泊以明志”，甚至还可以遵循老子的“无为”思想。存在决定本质。你首先是存在着的，也是自由的。也就是你可以按自己的意愿选择属意的生活方式，但重要的是要在人生中用你的意志力将它贯彻到底。不要因外界的动荡而摇摆，不要被环境所左右，这就是人生坚定的信念。

现代也许已不是一个纯情的年代，商品大潮冲击得人头脑发热，但人不应该随波逐流，要坚守自己的人生信念。如果今天大家热衷于某件事，你就跟着去做；明天社会流行某种潮流，你又跟着去赶。那么你就永远只能居人之后。有些当官的，以前为政清廉，怀抱美好的理想，但看到别人进行权钱交易大发其财，于是受不了环境的引诱，铤而走险，结果毁了一生。一个人如果没有自己的个性，没有自己对生活的独到见解，没有自己的人生信念，就一定不能出类拔萃，就一定不能取得大的成功。

我崇尚人的信念，歌颂人的意志力，信念是有魔力的！

美国一间大银行的总裁斯通就曾说：“少年时代在一张纸上画了无数个美元符号——$，立下信念，结果后来他终于成了大银行家。”

斯大林在德军大兵压境的时刻，冒着敌机轰炸的危险，调集了大量防空火炮控制空中，在斯大林格勒举行大型阅兵，目的是向全苏联人民传达一个信息：“苏联没有被打垮”，树立起苏联人民必胜的信念，从而成了苏德战争的转机。希特勒也曾发动宣传机器，将他邪恶的信念不断地、反复地灌输给人们：“今天我们拥有德国，明天我们将拥有世界——日耳曼民族是世界上最优秀的民族”，四处飞扬的纳粹旗，随处可闻的口号，煽动起德国人民的狂热。

我们不谈大的、不谈远的，最近我一位朋友的母亲病危，医生认为连一个晚上也活不过去了。可是老人的意识还很清楚，所有的人都希望让她再同远在内蒙古的女儿、女婿见上一面。于是我的朋友不停地在母亲耳边小声说：“再过三天就是您八十大寿了，我们都想好好地给您庆祝生日，您在内蒙古的女儿和女婿也快赶回来了，您可一定要挺住啊。”结果，这位老人在四天以后死去。她终于在生命的最后一刻与亲人见了面。

这不也是信念的作用吗？

如果说人有灵魂，那么信念就是人的不死的灵魂。布鲁诺为坚守自己的科学信念，宁愿被罗马教会烧死，也矢志不移。张志新不惧强权的高压，用嘶哑的喉咙呐喊出自己的信念，以至上刑场时已被人割去了喉管。外界能够摧毁人的躯体，但却不能摧毁人的信念。精神不朽！信念不朽！

对每一个成熟的人来说，唱自己的歌就是要做自己人生的主角，坚守自己的生活信念，并为它付出一片“痴意”。

知识链接

一个人如果没有自己的个性，没有自己对生活的独到见解，没有自己的人生信念，就一定不能出类拔萃，就一定不能取得大的成功。

7. 让个性之花开放

袁伟民在介绍挑选女排运动员的经验时，曾谈到要挑选有个性的运动员。这是科学的选才之道。实际上我们观察一下就会发现，任何杰出的东西都是有特色的，对人而言也就是要有个性、有性格。优秀的文艺作品、电影或小说，往往在于它有特色；甚至畅销于社会上的任一种商品，之所以畅销，也在于它有特色，同样的道理，人要受欢迎，要取得成功，也要有个性。

王朔的小说能轰动一时，引起诸多反对和支持，正在于他的鲜明的个性色彩：那种玩世不恭的态度，赢得了现代年轻人的共鸣。张艺谋的电影能领导一时潮流，也在于他独特的艺术手法：虽然拍的是陈年往事，但却赋予了它浓郁的现代意识。

《红高粱》里处处闪耀的狂放精神之火，正契合了现代年轻人内心深处的激荡之情。个性正是事物的生命力之所在，没有个性就没有生命力。诺贝尔文学奖为什么很少由专业学文学的人获得呢？我认为原因在于专业学文学的人，陷于浩瀚的文学作品中，而丧失了自己的个性。

实际上这个世界上任何一个能取得成功的人士，无不是有着极强的个性。世上没有十全十美的事，力争完美，往往会使人丧失特色。有个性虽然有可能使人的思维和行为有片面性，但同时却会使人的特点鲜明，而有鲜明的特点，就有极强的感染力，就能引起深切共鸣。有个性本身就是一种超越，一种魅力。

人的性格对人的气质和能力有极大的影响。因为人看待事物、思考事物以及行为时都带有明显的性格烙印，性格决定了人的思维习惯和行为方式。性格豪爽的人，思维直率，行为果敢，虽然有时不免失于莽撞，但却有魄力。性格柔弱的人，思维缜密，行为谨慎，虽然优柔寡断，但却常能面面俱到。性格本身并无好坏之分，都有积极的一面，也有消极的一面。一个人只要有鲜明的个性，就必定会有独特的思维方式，独特的能力，也就是有显著的优点，只要善于扬长避短，往往就能超越芸芸众生，开辟一条属于自己的路。

第四章

正直自信　宠辱不惊

1. “人心”是万物的主宰

世界上最伟大的莫过于人，人身中最伟大的莫过于心。心，可以创造一切，亦可以毁灭一切；可以使我们上入天堂，亦可以使我们下入地狱。

西藏曾经有一位高僧，他每天打坐的时候，都要在面前放下一黑一白两堆小石子。用大师的话说，黑白石子代表自己的善恶两念。善念萌生时，他会拿一颗白石子放在一边；恶念萌生时，他会拿一颗黑石子放在另一边。最初，大师检点时发现，黑石子多，白石子少。每当这时，大师会扇自己的耳光，痛哭着自责道：“你在苦海里轮回，还不知悔过吗？”四十多年过去了，大师手下全部变成白石子了。最终，大师修成了菩提道。

向善之心，人皆有之。人性本是善良的，人能向善，人能为善。人能向善，人才能使自己趋于美好；人能为善，人的世界才能趋于美好。人心一善，一切的善也会随之而生；人心一恶，一切的恶也会随之而来。善恶的来源，始发于心灵。心灵圣洁，就使人生成为圣洁的人生；心灵恶毒，就使人生成为恶毒的人生。心灵高明，就使人生成为高明的人生；心灵鄙陋，就使人生成为鄙陋的人生。

世间既有善良、圣洁、高明的人，也有不善、恶毒、鄙陋、纵欲的人。沾染上恶性恶习，自然会失去本心。因此佛家说：“即心即佛”，“自心即佛”。

所以心在圣贤豪杰，即成为圣贤豪杰；心在盗贼小人，即成为盗贼小人。想要怎样做人，全都在于自己的心怎样做。

一个人如果没有同情怜恤之心，不配做人；没有羞耻好恶之心，不配做人；没有推让谦虚之心，不配做人；没有明辨是非之心，不配做人。

同情怜恤之心，是仁的开端；羞耻好恶之心，是义的开端；推让谦虚之心，是礼的开端；明辨是非之心，是智的开端。

人掌握了这四个开端，就像身体有四肢一样。有这四个开端而自认为无能力的，是自暴自弃的人。

养心也就是培养仁、义、礼、智之心，并扩充它们，使之能虚能大。养心要虚要大，也就是说心地要虚空才能胸怀宽广，心地虚空必须舍弃过分的世俗物欲之念，不与世争，随遇而安。

这样，心胸才能容忍别人，体恤别人。心地实在才没有胡乱狂妄的念头，对人对事实实在在，一丝不苟，又要小心谨慎，才能不败坏事情，走向成功。

使自己的心地清净而又伟大高明，乃是做人最大的使命。

深究自己的心，而后发觉一切奇迹在于自己的创造。这样的心在我们身上，就像日照当头。

在内培养圣洁无瑕的心灵，在外自然散发闪闪灿烂的光辉。

人是天地的心，心是万物的主宰。我们如果能随时随地观照此心，省察此心，操持此心，存养此心，不但使我们自己有主宰，天地也将有主宰。

只要主宰确立了，其他方面不确立，它们也会自己确立。

知识链接

向善之心，人皆有之。人性本是善良的，人能向善，人能为善。人能向善，人才能使自己趋于美好；人能为善，人的世界才能趋于美好。人心一善，一切的善也会随之而生；人心一恶，一切的恶也会随之而来。

2. 加强修养，高风亮节

具有良好修养的人，严肃而不孤僻，活泼而不放浪，稳重而不呆板，热情而不轻狂，沉着而不寡言，和气而不盲从。修养可使人成为完善的人。

中国传统的修养观还认为：“修身首先要正心。”修身的意思绝不仅限于外表的修饰，更重要的是内心的修养，即所谓的“欲修其身者，先正其心”。

当代人，更应该深刻认识进行道德修养的必要，良好的道德品质不可能与生俱来，只有通过长期的修养才能形成。青年应该按照时代的要求，培养形成高尚的道德品质，如克己奉公、忠诚老实、谦虚恭谨、坚定勇敢、开拓进取、艰苦朴素、助人为乐、正直善良、文明礼貌、遵守法纪等等。

修养是实现道德规范的关键环节，必然具有历史的内容与多层次的结构。在奴隶社会，强调修养，是为了维护奴隶主的权威，形成奴隶对奴隶主的屈从和人身依附，以及对奴隶主的绝对忠诚。在封建社会，除了维护封建宗法等级外，还有围绕忠、孝、节、义、礼、智、信等一系列道德规范的信条，但其中亦包含了不少合理的因素。

孔子15岁开始，立志研究学问，修养道德，终于成为圣人。从孔子的例子看来，伟大的人格，是从不断的修养得来的。

封建社会的道德观不免带有历史的局限，在科学文明的今天，人们的道德观升华到新的境界，但“浩然之气”的修养却始终是人身修养的核心内容。

“礼义之邦”的中华民族，历来就讲究道德修养，讲究高尚的情感和坚贞的节操。

在光辉灿烂的中国历史上，有多少高风亮节的英雄豪杰！“精忠报国”，体现了岳飞的高尚情操；“人生自古谁无死，留取丹心照汗青”，体现了文天祥的浩然正气；“先天下之忧而忧，后天下之乐而乐”等格言佳句，更是为历代人民所反复传诵。有一段赞美花的格言，其实正是对高尚情操之美的形象赞誉：“人们喜爱花，因为它无私地为美化人间而盛开；人们赞美花，是因为它无畏地为人间丰收而自落。”

政治家注重学习修养，文学家也注重学习修养，搞自然科学的人同样注重学习修养。

当今世界科学技术的发展日新月异，突飞猛进，若不加强学习修养，就会使人闭目塞听，夜郎自大，懒于思索，忘乎所以。不愿意钻研和深入学习，满足于微不足道的“知识”，都是智力贫乏的原因。这种贫乏通常用两个字来概括，那就是“愚蠢”。要医治“愚蠢”，变骄傲成谦虚，化自卑为进取，自觉主动地向知识的金字塔挺进，在智慧的海洋上泛舟，塑造完美的人格，别无妙药秘方，只有加强学习修养。

历史上任何一次飞跃，都是以提高人的素质为先导的。人的素质主要靠修养，靠“后天习来”。它包括思想特性、智力特性和体质特性。这些成为人们能动地认识世界和改造世界的内在力量。修养，要注入时代的新鲜内容。

修养，不是要我们成为畏首畏尾、谨小慎微的人。富于开拓精神，亦是修养的重要目标。

修养，并不是把每个人都塑造成同一个样式。人的才能和性格各有不同，每个人都可以根据自己的禀赋和长处，向好的一面尽量去培养和发展。所以，无论在什么情况下，我们都不要自暴自弃，应该好好地珍惜自己，好好地修养自己的身心。

修养，是使人成为人才的通途，它的目的是使个体的人具有人类中先进人物所共有的精、气、神。修养，不是束缚，而是解放。

一位心理学家曾经进行过一项连续 30 年的实验，他挑选了 1000 名智力超常儿童进行跟踪实验。这些智力相近的优秀儿童，后来成就却相差很大，有的做出了举世瞩目的成就，有的则平庸无奇。

心理学家仔细研究了20%最有成就的对象和20%最无成就的对象，发现他们之间最大和最显著的差别，不在于智力，而在于意志、信念、进取心等非智力因素。

知识链接

修养，是使人成为人才的通途，它的目的是使个体的人具有人类中先进人物所共有的精、气、神。修养，不是束缚，而是解放。

3. 德才兼备才能出类拔萃

古人把德看得很重，认为德对于一个人来说是至关重要的。《菜根谭》中就有许多有益的名言警句，如“德者事业之基”。指明发展事业的基础，在于经营者本身的德。“基础动摇了，建筑物是不可能坚固的”。中国历史上最早的敬德思想源自西周时期的周公。翻阅中国历代兴衰史，最后获得成功的君王，不仅本身拥有特殊的能力，同时还具有谦虚、宽容、体谅、信赖等品德。一个领导者一旦缺乏德行，就无法赢得部下的尊敬，难以成就大业。

《菜根谭》中还指出：“纵欲之病可医，而执理之病难治。”因为私欲而患的病，虽然棘手尚能医治；而由于理屈固执的毛病则很难治愈。这是指身体上的疾病尚能医治好，而头脑思想上的固执己见、自以为是的毛病实在太顽固了，以至于比身体上的病还要难以医治。生活中有很多认死理、钻牛角尖的人，固执己见、难与人沟通，这是与人交往的障碍，也是成就事业的顽疾，应该下狠心趁早根治。

洪自诚说：“毋恃久安，毋惮初难。”亦即在面临最初的困难时，不气馁、不逃避。人们都希望眼前的幸福能够持续长久，但是“幸福的青鸟”总是飞得很快，所以应该有心理准备。一旦遇到困难，应该毫不气馁和畏缩，要以百折不挠的精神去战胜困难。

在竞争激烈的现实社会中，想要求生存，的确需要才能，但是，如果以为只需充分的才能便足以应付一切，这实在是痴人说梦。洪自诚认为："德者才之主，才者德之奴。"才能固然重要，但是，如果没有德——人格，就无从谈充足了。才与德就像车子的两个轮子，倘若强分高低，那么人格是主要的，而才是人格的附带物。

此外，他还指出"徒有才能而缺乏人格，就好像是身处主人外出，而佣人为所欲为的客厅中。如此，这个家迟早会沦为妖怪变幻的场所"。所谓"才子溺于才"，只凭才能办事是行不通的，只有德才兼备的人才能出类拔萃。

4. 大德之人必有大誉

有大德之人必有大誉。此种大誉并非得自刻意追求，只是因为有大德之人，从不蝇营狗苟，谋求一己之私利，凡事都为天下大众着想，大众的苦乐就是他的苦乐，大众的利益就是他的利益。他不求声名自有声名，不求荣誉自有荣誉。可以说，任何伟大人物的丰碑都是他自己建立起来的。

美国独立战争胜利结束之后，如何使军队转化成为一种真正有益于国家的和平与稳定，而不沾带内政色彩的安全力量，人们都在拭目以待。

在此问题上，有一个人的态度举足轻重——乔治·华盛顿。这位技坚执锐的美利坚军队之父，与军方关系最胶固最瓷实，彼此的感情和信任也最深挚。

按一般理解，双方的利益维系无疑也最紧密，算得上"唇齿""皮毛"的共栖关系。

国会静静地期待着他的抉择，代表们焦灼的目光也一起投向这位将军……虽然大家心中已悄悄埋伏下了一个答案，但它只能充做"候选"，谁都清楚，无论

将军做何决定，军队都会奉为圣旨，而国会亦将绝对地接受。

在这样一个重大的历史时刻，华盛顿显得异常平静，他说：他们该回家了！

这样说的时候，将军一点也没犹豫。但其内心却充满了痛苦和愧疚：这支刚刚挽救了国家的队伍，尚未得到任何应有的犒劳，而此时的财政一片空白，军饷都发不出，更不用说安置费、退休金了。尤其是伤残病员，亦将得不到任何抚恤……如今，却要让他们回家——多么残酷和难以启齿的主意啊。

华盛顿做到了。他能够做的，就是以个人在八年浴血中积攒起来的全部威望和信誉，去申请大家的一份谅解。

那一天，他步履沉重地迈下检阅台，他要为自己的国家去实现最后一个军事目标：解散军队！他的目光掠过一排排熟悉的脸，掠过随己冲锋陷阵的累累伤痕之躯，替他们整整衣领，掸掸尘土，终于艰难地说：“国家希望你们能回家去……国家没有恶意，但国家没有钱……你们曾是英勇的战士，从今开始，你们要学会做一名好公民……”将军哽咽了，他不再是命令，而是以目光在恳求了。

寂静中，士兵们垂下头。当他们最后一次，以军人的姿态齐刷刷向后转的时候，将军再也忍不住了，他热泪盈眶，赶上去紧紧拥抱部下……没有这些人，就没有美国的诞生，但为了新生的“美国”，他们必须无言地离去。

一个理念就这样安静地兑现了。从构思到决定，从颁布到履行，没有吵闹，没有喧哗与牢骚，更没有动乱和内讧。正直的第一代美国大兵们，就这样循着他们尊敬的统帅指定的“行军路线”，两手空空，一瘸一拐地回家去了。

华盛顿也要离开了。他决意和自己的士兵一样，开始“学做一个好公民”。他先把军中行装打成包裹，托人送回故乡蒙梵侬庄园，然后去找好友杰弗逊，他们要商量一件大事：战争既已结束，将军理应将战时授予自己的权力归还国家，且刻不容缓，应尽快履行。

这种主动弃权的事本不奇怪，尤其于华盛顿就更不足怪了，军队都可以遣散，拱让军权又算得了什么？奇怪的是，这“紧要” 关头竟无人赶来挡架，竟无臣子们的联名奏本——哀求“以天下社稷为重，万不可弃民而去”云云。美国毕竟辽阔，林子大了什么鸟都有，擅长“成人之美”的好事者自然也有，只惜华盛顿死活不吃这一套。独立战争激酣之际，一位保守的尼古拉上校曾暗里上书华盛顿，对之从头到脚捧颂一番，再小心翼翼献上一记“金点子”：取消共和恢复帝制，由将军本人出任新君……

这是个于“国家安全” 业已构成威胁的信号，一个腐朽透顶的馊主意——堪称“精神犯罪”。但此劣迹却在人类史上屡见不鲜，在热衷威权的主子们眼里，倒也不失大功一件：狭义来讲，反映了提案人的忠诚；从广义上看，亦可谓一项“民意调查”收获，让主人触到了一份妙不可言的“前景”……谁知，这份从后门塞进来的厚礼竟使华盛顿心情沉重，羞愧不已。

如同一位突然被学生“贿赂”的老师，他感到自责、痛苦，陷入揪心的自问：我何以使人产生这样的念头？我究竟曾做错了什么，以致给人落下如此印象？在一封“尼古拉上校大鉴”的信中，他忧心忡忡疾问：“您所说的军队里有的那种思想，使我痛苦异常，自作战以来，没有一件事令我这样受创。我不得不表示深恶痛绝……我过去所为，究竟何事使人误解至此，以为我会做出对国家祸害最烈之事，诚百思不得其解……若您仍以国家为念，为自己、为后代，或仍以尊敬我，则务请排除这一谬念，勿再使其流传，有厚望焉。”

显然，华盛顿把这位从“后门”爬进来的尼古拉当成了一个“屎盆子”，厌其臭、恨其秽，怒其不争，捂鼻踹脚，又从“后门” 给踢了出去。

有这样一段插曲在先，我们即不难理解将军后来的种种表现了，同时也极大地震慑了其他欲效颦的“小尼古拉”们。此时，距独立战争胜利尚有两年。

在今天的美利坚国会大厦里，有一幅巨制油画，讲述的正是二百年前华盛顿正式向国会归还军权的情景。

一间临时租借的礼堂里（当时国会尚无正式办公地点），历史功臣和国会议员们济济一堂，屏息以待那个重要历史时刻的到来。

会场气氛肃穆庄严，大家已提前被那将要发生的一幕感动了：他们知道，再过几分钟，自己竟要接受“国父” 卸职仪式上的“鞠躬” 礼——而作为受众，自己只需让手指轻触一下帽檐即可。

这可真有点让人受不了，但必须如此，因为此非感情生活的普通礼节，而是作为一种理念象征——从此它将规定一种崭新的国家意志和政治秩序：将军只是武装力量的代表，而议员却是国家最高权力的代表，无论如何，军队都只能向“国家”表示尊敬和服从。

华盛顿出场了。寂静中，其高大身躯徐徐降落之幅度远超出了众人想象，代表们无不隐隐动容，谁都明白，这是将军正竭尽全力——用身体语言——对这个新诞生的国家理念做出最彻底最清晰的阐释。感动之余，有人竟忘了去触帽檐……将军发言极简：“现在，我已完成了战争所赋予的使命，我将退出这个伟大的舞台，并且向尊严的国会告别。在它的命令之下，我奋战已久……谨在此交出委任并辞去所有的公职。”他从前的一名下属，现任国会议长答道：“您在这块土地上捍卫了自由的理念，为受伤害和被压迫的人们树立了典范。您将带着全体同胞的祝福退出这个伟大的舞台，但是，您的道德力量并未随您的军职一起消失，它将永远激励子孙后代！”

据史记载，当时几乎所有的眼睛都流下了热泪。

个人、权力、军队、政府、国家……这些在政治金字塔周围始终萦缠不清的问题，就这样被华盛顿一系列大胆而优美的新思维杠杆给予了澄清和定位。

它们的性质与职能，被定格在严厉的法律位置上，不得混淆或僭越。领袖本人须首先是合格公民，须随时听从国家召唤，其权力亦将随着阶段任务的完成而及时终止，其方式便是在适当的时候交出权力。

仪式一结束，华盛顿真的就回家了，像一个凯旋的大兵两手空空，轻松地吹着口哨，沿波托玛克河，回到阔别多年的农庄。

那儿有一幢两层简楼、家人和几条可爱的狗等着他。五年后，当美利坚急需一位总统的通知正式下达，他的休养计划被迫中止。

但连任两届后，他坚决辞去了最高权力职务，理由很简单：我老了，不能再耽搁下去了！他当然明白，假如自个儿乐意，即使再“耽搁”几年，也决不会有人喊“下课”的。

但那样一来，即等于背叛了自己的信仰和理想，即等于不尊重国家和人民对自己的尊重……离职不久，他在故乡的小屋里平静地去世。

平民——将军——平民——总统——平民。华盛顿写完了一个人平凡而伟大的生涯故事。八年军旅，置生死于度外；八年总统，值国家最艰困之时，实在没什么“荣福”可享……每一次都是临危受命，挽狂澜于困难；每一次都是听从国家召唤，履践一个公民的纯洁义务。那提议用“华盛顿”来为首都命名的人真是太智慧了。人类历史上，大人物的名字比比皆是，可真正经得住时间、真相和道义检验的却凤毛麟角。有的凭权势或时运，固可煊赫当朝，但“验明正身”后很快就暗淡无光，甚至被弃汰如粪。而华盛顿不，作为生命个体，他的清白、诚实及所有伟岸特征皆完整保持到了生命终点。作为一个响亮的精神名词，其理想内涵不会因光阴的淘洗而褪色变质，相反，却历久弥新，来自后世的敬重与感激亦随着历史经验和世界参照的积累而愈发强烈……

5. 守住“德”字别动摇

根据美国哈佛大学行为学家皮鲁克斯在《做人之本》一书中的观点：“做人不是一个定下几条要求的问题，而是要从自己的根本开始，把自己变成一个以德为本的人，否则你就绝不会赢得别人的信任，更谈不上成功的人生，反而会让人生早晚塌方的。”

的确，做人必须从“德”字开始，树立有德之人的品牌，这样才能成大事。什么是“德”呢？德者，道德、品德。古人说“德行谓人才堪任之优劣”，道德、品德关系到一个人的行为动机，是做人的首要问题。从大方面讲，一个人的道德人品高决定了他的行为是向着有利于社会、集体、企业的方向努力的；反之，只会给社会、集体、企业带来损害。从小方面来讲，一个人只有守住“德”字，才能为自己的人生找到立足点；否则在欺骗别人的同时，别人也会欺骗他。那么做人的“德”的标准是什么呢？就是在对道义与功利的取舍上。一句话，舍利而取道，即为做人之本。这是一切成大事者都恪守的做人原则。

先看一个在美国广泛流传的例子：

美国加州的“克帕尔饮料开发有限公司” 需要招聘员工，有一个叫马布里的年轻人去面试，他在一间空旷的会议室里忐忑不安地等待着。不一会儿，有一个相貌平平，衣着朴素的老者进来了。马布里站了起来。那位老者盯着马布里看了半天，眼睛一眨也不眨。正在马布里不知所措的时候，这位老人一把抓住马布里的手：“我可找到你了，太感谢你了！上次要不是你，我女儿可能早就没命了。”

“怎么回事呢？” 马布里丈二和尚摸不着头脑。

“上次，在中央公园里，就是你，就是你把我失足落水的女儿从湖里救上来的！” 老人肯定地说道。

马布里明白了事情的原委，原来他把马布里错当成他女儿的救命恩人了：“先生，您肯定认错人了！不是我救了您女儿！”

“是你，就是你，不会错的！” 老人又一次肯定地回答。

马布里面对这个感激不已的老人只能做些无谓的解释：“先生，真的不是我！您说的那个公园我至今还没去过呢！”

听了这句话，老人松开了手，失望地望着马布里：“难道我认错人了？”

马布里安慰先生：“先生，别着急，慢慢找，一定可以找到救你女儿的恩人的。”

后来，马布里在这个公司开始上班了。有一天，他又遇见了那个老人。马布里关切地与他打招呼，并询问他：“救您女儿的恩人找到了吗？”“没有，我一直没有找到他！”老人默默地走开了。

马布里心里很沉重，对旁边的一位司机师傅说起了这件事。不料那司机哈哈大笑：“他可怜吗？他是我们公司的总裁，他女儿落水的故事讲了好多遍了，事实上他根本没有女儿。”

“噢？”马布里大惑不解，那位司机接着说：“我们总裁就是通过这件事来选人才的。他说过有德之才才是可塑之才。”

马布里被录用后，兢兢业业，不久就脱颖而出，成为公司市场开发部总经理，一年内为公司赢得了3500万美元的利润。当总裁退休的时候，马布里继承了总裁位置，成为美国的财富巨人，家喻户晓。后来，他谈到自己的成功经验时说：“一个一辈子做有德之人的人，绝对会赢得别人永久的信任！”

通过这个故事，我们一方面可以看到这位总裁对录用人才如何做人的高度重视；另一方面，我们可以看到马布里是一位绝对信守“德”的人才，对那些另有图谋的人来说，本来完全可以利用这位总裁的“稀里糊涂”，给自己贴上救人英雄的标签，来增加被录用的概率。但马布里却不这样做，他以“德”为做人之本，为自己打开人生局面奠定了最稳固的基石，所以他是通过做人之道换来了成功之本。

当然，在实际生活中，每个人都应当像马布里一样，把“德”字刻在心头，做一个令人放心的人，在一个相互信任的环境中工作，才能敲开成功之门。但是有些人对此不以为然，总是想尽办法为利益所驱，常常是见好就贴上去，见坏就躲开，把做人之本抛到九霄云外，像老鼠一样，令人生厌。这样的人可以成功一时，但不可能永远延续成功的脚步。所以我们非常有必要记住马布里的那句话，并把它刻在心头，守住以“德”为准的做人之本，这样你迟早有一天会成为另外一个马布里。

知识链接

一个人的道德人品高决定了他的行为是向着有利于社会、集体、企业的方向努力的；反之，只会给社会、集体、企业带来损害。

6. 纯正之心不可丢

天地之所以成为天地，就是有了人；人之所以成为人，就是有了心。心的伟大无限，所以人的伟大也无限。人若想使自己伟大乃至于无限，就须存有这个心而不使它丢失。

什么是属于人本身固有的东西呢？固有的也就是内在的，像人的品性、性格和道德修养等，相对来说，外在的东西就像名利地位等，这对于人来说，就是属于附加的。人的品性、德性是不能少的，如果没有这些内在的东西，那么他就是一个不完整的人，因而，要不断地努力，以加深和提高德性的修养。而声、色、名、利是外在的东西，这种不属于内在的，最好是尽量少追求为好，当然无需也不可能强加于内成为自身固有的东西。

朱熹说："平庸人的心，不是存留就是丢失，而没有不存留也不丢失的事情。一会儿工夫，稍不提防，就会不自觉地沦丧。"人心之所以贵重，就是存养了这颗心，也就是安排了这颗心。心首先得有个安排，然后才能安排好自我人生。安排好我这个世界，也就有"日暖风和草木幽"与"万顷波中得自由"的境界；才能有一种沐浴晨光，风拂舞动的心灵潇洒，否则就是"云月相同，溪山各异""一片芳心

千万绪，人间无个安排处”。

在儒家的主体思想中，“仁”占有重要的位置，然而孔子解释“仁”说：“人心就是仁。”因此说，天地为人所主宰，而人又为心所主宰。天地间以人为神，而人又以心为神。舍弃此心，宇宙便飘渺无处着落。

老子说：“不去看那些有欲望的东西，就能心怀不乱。”不去思念欲望则心静，澄清胸怀就神志清澈，虚空自己的胸怀就神志安宁。

心之所以不能灵明的人，就是受到欲望的干扰。所以孟子说：“养心最好的方法是寡欲。欲望太多的人，虽也存养心性，但成功的很少。欲望少的人，虽不去存养心性，成功的机会却多了。”寡欲全无，“本心”自然显现。没有欲望，心境清虚，德行高尚，对己能养心养性，对人则宽宏大量，对物会滋润仁养。《汉书·疏广传》中记载：后汉人疏广，博学多才，被汉宣帝立为太子太傅。皇太子学业有成后，疏广引身求退。辞官回乡后，疏广却日日与族人故旧宾客饮酒娱乐，不为子孙购置田产。有人不解，问其故，疏广说：“贤而多财，则损其志；愚而多财，则益其过。”他是说，如果儿孙有德行、有才干，那么，财富多了却会损害他奋力上进的志气；如果儿孙愚笨没有才干，那么财富多了只会增加他们的过失。而后至终没有给儿孙留下多少财产。

欲望是每个人都有的，如果强迫自己绝欲，那只会适得其反。疏广并非无欲，他同族人故旧宾客常饮酒娱乐，但他能寡欲，也就是限制自己的欲望，心境清虚，适可而止。他能在功成名就之时，全身引退，不再贪婪名利。他能以善事培养人，对儿孙不购置田产，让儿孙们自己拼搏创业，不留财产以免造成对儿孙的危害。这就是养心养身，又养人养天下万物，达到了以道义长存万世的境界，确实可敬可佩。孟子所以又告诫人们做人“不要失去本心本性”，“不要失去正心纯心”。本心丢失了，虽存在着人的形体，只不过是行尸走肉而已。

知识链接

老子说：“不去看那些有欲望的东西，就能心怀不乱。”不去思念欲望则心静，澄清胸怀就神志清澈，虚空自己的胸怀就神志安宁。

7. 正直和自信是受用不尽的宝藏

石屋禅师外出，碰到一位陌生人，畅谈之下，不觉天色已晚，两人因此投宿旅店。半夜，石屋禅师听到房内有声音，就问："天亮了吗？"

对方回答："没有，现在仍是深夜。"

石屋心想，此人能在深夜漆黑中起床摸索，一定是道术很高的人，或许还是个罗汉吧？于是又问："你到底是谁？"

"是小偷！"

石屋："喔！原来是个小偷，你前后偷过几次？"

小偷："数不清。"

石屋："每偷一次，能快乐多久呢？"

小偷："那要看偷的东西其价值如何！"

石屋："最快乐时能维持多久？"

小偷："几天而已，过后仍不快乐。"

石屋："原来是个鼠贼，为什么不大大地做一次呢？"

小偷："你有经验吗？你共偷过几次？"

石屋："只一次。"

小偷："只一次？这样'够'吗？"

石屋："虽只一次，但毕生受用不尽。"

小偷："这东西是在哪里偷的？能教我吗？"

石屋禅师一听，就一把抓住鼠贼的胸部，说："这个你懂吗？这是无穷无尽的宝藏，你将此真正的一生奉献在此事业上，毕生受用不尽，你懂了吗？"

君子当有所为有所不为，正直、善良和自信的心是我们毕生受用不尽的宝藏。与其贪取不义之财，不如开发自身的潜能，通过自己的努力赚钱。这样赚得的财富是你终身受用不尽的。

知识链接

君子当有所为有所不为，正直、善良和自信的心是我们毕生受用不尽的宝藏。

8. 正直有着奇迹般的力量

一个人成功并不难，只要他具备成功所需要的条件，如大脑、精力、实际能力。但这些只能让个人获得某种程度的成功，如果他需登上高峰，还必须加上一条因素。有了它，一个人的能量可以发挥出双倍、三倍的效力。这一奇迹般的品格就是——正直。不管是在私人生活还是公共生活中，在正直引导下的良好的感觉是一个人最好的状态。

宁今年22岁，护校毕业后来到一家大医院实习。宁十分聪明，在实习期间，护士长和医生都喜欢她，尤其在手术室，她眼尖手巧，做助手干净利落，穿针引线速度快得连护士长都叹为观止。外科张主任认可宁的能力，想留下她做助手。

宁聪敏能干，可有个“弱点”，就是只要认清了理，她就咬着不放，直让对方服了才善罢甘休。因此科室的人对她褒贬不一，有的说她固执得可爱，有的说她骄傲得可恶，但张主任偏偏喜欢她这种品格，并常常说她是个好苗子。

有一次，张主任亲自主刀抢救一位腹腔多脏器受伤的重伤员，器械护士正好是宁。复杂艰苦的手术从中午进行到黄昏。手术顺利成功，当张主任宣布缝合病人的伤口时，宁突然出人意料地说：“且慢关腹，少一块纱布。”

张主任问：“多少块纱布？”

宁说：“16块。”

“现在多少？”张主任问。

“15块。”宁回答。

“你记错了。”张主任肯定地说，“我已经都取出来了，手术已经进行大半天了，立刻关腹。”

“不，不行！”宁大声说，“我记得清清楚楚，手术中我们用了16块纱布。”

张主任这位资深的著名外科专家似乎生气了，果断地说：“听我的，关腹，有事我负责！”

宁这时又认死理了：“您是主治医师，您不能这样做！主任，我们是救死扶伤的医生，再说这位战士是为了挽救国家财产而英勇负伤的，他是英雄啊！”她坚决阻止关腹，要求重新探查。直到此时，张主任的脸上终于浮起一阵欣慰的笑容。

张主任点点头，接着他欣然松开一只手，向所有的人宣布：“这块纱布在我手里。宁，你是一位合格的手术护士，能当我的助手。”

早就有人说过，良好的品格是人性的最高表现。一个人正直的品格，不需要多少特殊的举动，品格如水，静静流淌在他（她）的日常行为中。

在英语中，正直的意思是完整。在数学中，整数的概念表示一个数不能分开。同样，一个正直的人也不能把自己分成两半，他不会心口不一，想一套说一套——因为实际上他不可能撒谎，他也不会表里不一，说一套做一套，这样他才不会违背自己的原则。

正是由于一个人能够时常检点自己的言行，他就拥有了更加充沛的精力和清晰的头脑，从而必然地获得了成功。

以下是关于培养正直品格的经验之谈：

（1）读书。纯文学的、半文学的、理论性的报纸、杂志等，你可以进行阅读，从中吸取一些于已有利的东西，而且最重要的是你能在读书过程中实现对心性的培养。

（2）深思。思考可以使你提高认识，增加工作的理性成分，也使你看上去更成熟，更睿智。

（3）观察自己。在这个过程中，镜子是你最好的工具，你可以在镜子里审视自己，这将有助于你保持始终强烈的自信。

第五章
懂得自尊
与尊重他人

1. 做人不能丧失人格尊严

布朗的母亲是他7岁那年去世的，继母来到他家的那一年，小布朗11岁了。

刚开始，布朗不喜欢她，大概有两年的时间他没有叫她“妈”，为此，父亲还打过他。可越是这样，布朗越是在情感中有一种很强烈的抵触情绪。然而，布朗第一次喊她“妈”，却是在他第一次也是唯一的一次挨她打的时候。

一天中午，布朗偷摘人家院子里的葡萄时被主人给逮住了，主人的外号叫“大胡子”，布朗平时就特别畏惧他，如今在他的跟前犯了错，他吓得浑身直哆嗦。

大胡子说：“今天我不打你也不骂你，你只给我跪在这里，一直跪到你父母来领人。”

听说要自己跪下，布朗心里确实很不情愿。大胡子见他没反应，便大吼一声：“还不给我跪下！”

迫于对方的威慑，布朗战战兢兢地跪了下来。这一幕，恰巧被他的继母给撞见了。她冲上前，一把将布朗提起来，然后，对大胡子大叫道：“你太过分了！”

继母平时是一个没有多少言语的性格内向之人，突然如此震怒，让大胡子这样的人也不知所措。布朗也是第一次看到继母性情中另外的一面。

回家后，继母用枝条狠狠地抽打了两下布朗的屁股，边打边说：“你偷摘葡萄我不会打你，哪有小孩不淘气的。但是，别人让你跪下，你就真的跪下，你不觉得这样有失人格吗？不顾自己人格的尊严，将来怎么成人？将来怎么成事？”继母说到这里，突然抽泣起来。布朗尽管只有13岁，但继母的话在他的心中还是引起了震撼。他猛地抱住了继母的臂膀，哭喊道：“妈，我以后不这样了。”

没有高尚的人格，便没有高尚的事业，没有高尚的人格，便没有高尚的命运。

人格是个人的道德品质，也是个人的性格、气质、能力等特征的总和。不可否认，具有高尚人格的人也会遭遇厄运和不幸。但是，他们宁可遭遇厄运和不幸，也绝不会放弃高尚的人格，因为他们并不是为了得到回报才保持高尚的人格。积善多者，虽有一恶，是为失误，不足以亡。积恶多者，虽有一善，是为误中，不足以存。从历史的观点看，从发展的观点看，从全局的观点看，高尚的人格无疑是命运的保护神。

一个人，可能犯错误，但是不能丧失尊严。只有捍卫了自己的尊严，信念才不会缺失，人生的阵地才不会陷落，才能够克服重重困难，获得辉煌的人生。

知识链接

没有高尚的人格，便没有高尚的事业，没有高尚的人格，便没有高尚的命运。

2. 用自尊对待生活

自尊是一个人的脊梁，自尊是无畏的气概，自尊是一个人必须具备的操守。

用微笑面对挫折是一种极高的人生境界，用自尊对待生活则是一种真正值得称道的完整人生。

一个人可以没有荣誉和鲜花，但不能没有自尊。人，首先要有自信心，然后才有自尊心。不管别人是否尊重你，你自己要尊重自己。

自尊是一个人的脊梁，自尊是无畏的气概，自尊是一个人必须具备的操守。它提供给生命的不只是一种依托，一种凭借，一种支撑，而且是永远的充实，永远的能量，永远的精神动力。

自尊其实是一种内涵丰富的修养，尽管容易让人误解为自负、清高，但它从不趋炎附势，卑躬屈膝，不会为尘嚣所乱心，为诱惑而动摇。尽管不屑于高谈阔论，妙语连珠，但不说则以，说出来就掷地有声，就连那余音也会飘出一些豪气来。正所谓：侠骨、傲骨、铁骨，只要有了自尊，即使化为一堆白骨也有千金之

贵；警语、壮语、隽语，只要有了自尊，即使是只言片语也是一言九鼎。

自尊就是动力，就是力量，它可以变被动为主动，化腐朽为神奇。司马迁受宫刑而怒作《史记》，孙膑刖双足而血凝兵书，吴运铎身残志坚把一切献给了党，张海迪高位截瘫自强不息成为时代的巨人……自尊就是人生杠杆上不可缺少的支点，它可以坚守自己的主见和独立的人格，有着明确的奋斗目标和人生走向。雷锋22岁的青春为什么永恒？赖宁何以成为浴火的凤凰？焦裕禄怎样成为公仆的楷模？孔繁森又是如何在这个亟须感动的年代成为一种向上的精神？……所有的答案只有两个字：自尊！

自尊就是一面鲜明之旗，独树一帜在世俗之上，在人类精神和灵魂的制高点上永远飘扬。

自尊就是做人的尊严，就是堂堂正正的人生。

3. 维护人格尊严

自然界万千植物都有幸被文人所赞美，甚至渺小如草也得到垂青，但唯有浮萍却只用来作贬义的形容。这反映了人的好恶：讨厌那些摇摆不定、随波逐流的人。

一个人有灵活性是聪明，但灵活要有一定的限度，做人如果没有人生准则，那么给人的感觉势必就是没有个性，缺乏魄力，甚至是软骨头。要做一个真正的人，要得到别人的尊重，甚至要成功地与人交往，要取得生活成功，做人就必须有准则。正所谓：没有规矩，不成方圆。而人生准则中一个很重要的部分就是要维护人格尊严。

生活中常有这样的体验：有些人，虽然有钱、有地位，但一眼看去就觉得不必重视；而有些人，虽然没钱、没地位，但短暂的接触，却让你感到不能轻侮。这后一类人正在于他们自尊自爱，看重自己的人格尊严。实际上维护人格尊严，就是维护自己做人的权利，就是尊重自己；连人格尊严都可以放弃的人，就是不把自己当人，也就是自己贬低自己。一个人如果自己都不尊重自己，别人又怎么会尊重你呢？我们可以寄人篱下，可以求人，也可以迎合人，甚至聪明人有时还会想办法让别人觉得他比自己聪明。但在做这一切时，必须注意不能让人因此而瞧不起我们。我们要让他感觉到我们心中拥有自己的尊严，让他觉得我们有分量，这样他才会尊重我们。如果有两个人用同样的方式去赞扬一个人，那么，两人中地位较高的人的赞扬对方一定更为看重。我们在别人心目中的地位，往往决定了我们在与他交往中的分量。而这种心目中的地位，一方面固然是由我们的实际地位决定的，但另一方面也要看我们给他的感觉如何。注重维护人格尊严的人，表现出的是自尊自重，也就往往容易让人尊敬，给人良好的感觉。

4. 尊重他人的隐私权

尊重一个人，应该包括尊重他的“隐私权”。一个人的生活，不必一览无余地为外人所知，也就是说，允许他拥有隐私权，在思想、情感、行为、生活方式诸方面保留个人的私有天地。每个人都有面具，有些面具造成人格的障碍，但有些面具是每个人都必需的，而且，这类面具不会对他人和社会造成危害，只是个体想拥有一个属于自己的内心世界。是否尊重他人的隐私权，可以说是一个人人格水准高低的重要标志。

曾在报纸上看到这么一则报道：某男青年陪同他的领导赴外地开会，受人之托，抵达后他抽空去看正在那里读大学的一位女子，双方攀谈一阵之后，女子送男青年返回。由于班车误点，男青年深夜十一二点才回到住地。女大学生返回学校时自然也被门卫留下了姓名。不料，这件事受到同来开会的领导和女大学生所在校方异乎寻常的“关注”。他们分别调查男女青年那晚上的行为，而又不相信两名青年的据实汇报，仿佛一定有什么见不得人的东西被隐瞒起来。为此，男青年的领导和女大学生学校的领导掀起轩然大波。男青年被一遍又一遍地“审问”，并要求写出“深刻检查”，在极度的苦闷和不解之时，他选择以死来表达他的抗议。

无视他人的隐私权，对于他人个人生活过多窥探、干预，在如今，仍然有许多人乐此不疲。在美国，记者为了刊登头条新闻，往往挖空心思地挖掘别人的隐私，特别是有名声的人的隐私更是他们搜寻的对象。克林顿有一段时间被绯色新闻搞得手忙脚乱，记者当然从中获得了绝大的好处：既有了名气又有了高薪。而克林顿呢？除发布辟谣公告外，还得处理公务，应付家庭内部问题。市民获得一时的笑料，获得一时猎奇心理的满足，却耽误了国家大事，真是莫大的悲哀！而美国人好像对这项活动情有独钟，不时有名人隐私被曝光。窥探、曝光别人的隐私是大大小小类似于前面提到的悲剧产生的温床。

窥探、干预别人隐私的结果，是滋生出种种伤害别人、造成隔阂的东西，它往往容易扼杀和窒息人的聪明才智。只有摆脱这些“内耗”，自己的事业才能有所作为。

现实生活中，有许多这样的人，他们对于别人隐私兴趣的关注程度远远超过

了他们对工作和自己生活的兴趣。他们以打听和传播别人的隐私为嗜好，并擅长对这些内幕消息进行“无师自通”的想象夸张。正是经过他们炮制出来的飞短流长，残害了不知多少人的身心，从普通人到像阮玲玉这样的影坛巨星，都不能幸免。由于这些有关或无关、有形或无形的制约，使许多人的个性受到压抑，无法施展；而同时，这些热衷窥探、张扬别人隐私的人，也把自己的人格水准降到了最低线。

对于流言和对别人隐私的干预是任何人都反对且深恶痛绝的。列宁夫人克鲁普斯卡娅曾经回忆说：“弗拉基米尔·伊里奇最鄙视一切流言蜚语和对别人私生活的干预，他认为这种干预是不能允许的。当我们在流放地时，弗拉基米尔·伊里奇曾不止一次地谈到这个问题，他谈到必须小心地避免一切流言纠纷。这些纠纷通常都是由于搬弄是非、造谣诽谤、乱猜测别人的内心活动以及无聊的好奇心所造成的。这就是十足的庸俗作风和市俗气息。”

尊重别人的隐私权，首先意味着要承认这种权利的存在。一个人的内心隐秘是否向外公开，这是他的权利。如果因为他的秘密不能公布，而横加指责、干预。这就是对别人权利的侵犯。

如何才能尊重别人的隐私权呢？

·不去过多地窥探别人不愿涉及的话题，包括正面的询问和背后的打听。每个人都有属于自己的天地，它是用面具掩饰起的，不要企图摘下这个面具，否则只能伤害别人的感情，对你来说则可能失去一个朋友或者还会给人留下不良的印

象，认为你是个搬弄是非的人。

·不要传播伤害别人的流言。流言对人的伤害就像无形的刀与剑，常把人置于进退两难的境地，干扰人正常有序的工作和生活。对那些捕风捉影、道听途说或纯粹是猜疑得来的结论应置之不理，如果有可能最好进行澄清，维护别人的名誉，体现你的强烈责任心。

·当一些人聚在一起谈论不在场的某人的“轶闻秘事”时，最明智的做法是抽身走开，实在不行，也不要对此表现出兴趣，更不能加入进去，信口开河，若有可能应该对其他人的行为进行劝阻。

·经常用这样一句话来提醒自己：“我没有权利一定要知道别人的全部生活，还有其他更重要、更有趣的事情等着我去做。”窥探别人的隐私于己于人都是无利的事。

在尊重别人隐私权的同时，也在构建你自己的人格尊严。过分地窥探别人的隐私，是一种病态的行为，最好去看心理医生，病态人格不利于个体的健康发展。

5. 正确看待别人的价值

社会生活中人们相互作用关系的形式多种多样，美国人哈里斯曾经概括出几种具有普遍性的形式，其中有两种对立的关系，对人们的社会生活颇有些参考价值。

其一是“我行—你不行”。抱有这种观点的人，具有强烈的自我为中心倾向，极端自负，不能客观地看待周围的人和事，拒绝并排斥别人的价值表现，此外，还具有想象中的优越感。所有这一切，都是这种人的根本特点之所在。例如，第二次世界大战中的战争狂人、变态杀人狂希特勒就属于这种人。他极端地仇视犹太人，把他们看作劣等民族，因此对他们进行大肆杀戮。

另一种是“我行—你也行”，这种人生态度与第一种存在着本质的区别。它是一种健康的人格心态的具体体现。持这种人生态度的人具有如下特点：相信自己，也相信别人。并以自尊自信为基础，与人为善，对生活价值有着正确的理解。与持前一种观点的人比较起来，这类人的人格世界、心灵状态相对要健全得多，也完善得多，从而更有利于有效地发挥自己和他人的作用。

持“我行—你不行”观点的人，在为人处世上往往会自觉或不自觉地表现出盛气凌人、傲慢不逊的态度，而且这种态度很容易被明眼人看出来。在春秋战国时期，有一次楚王派遣大将屈瑕带领军队去进攻罗国，在替他送行的时候，大臣斗伯比发现屈瑕为人态度极端高傲，于是他对别人说：“莫敖（屈瑕的字）一定会失败，举趾高，心不固矣。”其意思大致是说屈瑕的态度过于狂傲，其内心必然不稳定，心既不稳定，那么他就必然会吃败仗。果然，屈瑕眼高过顶，把自己看得非同一般，对别人的好意见和建议根本听不进去。在战争开始之前，他就在军队中宣布，要是有谁胆敢就战事向他提出相反意见，就要受到严厉的处罚。到了罗国，由于屈瑕对敌情摸得不透，结果陷入敌方的左右夹击之中，全军溃败，一塌糊涂。屈瑕自感无颜回见楚王，就在阵前自杀了。这则故事就是成语“趾高气扬”的出处，它充分表示了持“我行—你不行”人生态度的人，在生活中必然处处碰壁。

相反，持“我行—你也行”心态的人，一个至关重要的品质就是虚怀若谷。在他们的自我意识中，“我行”是一种自信的表现，它并不意味着将“自我”变成自负和虚荣的代名词，而是通过虚心向别人求教来不断地充实

自己。这种优良的品质就如文艺复兴时期法国著名作家蒙田在他的一篇文章中所形容的："麦穗空瘪的时候，它总是长得很直，高傲地昂着头，麦穗直指天空；而当麦穗成熟而饱满的时候，它却总是表现出很谦逊的样子，低垂着脑袋。"蒙田的这种观点和中国的俗话"满壶水不响，半壶水响丁冬"实有异曲同工之妙。

明代嘉庆年间的董沄，因为"以能诗闻江湖间"而很有些名气。当他68岁时，听了王阳明的几次讲学，他认为王阳明很有学问，便要拜当时只有53岁的王阳明为师。王阳明不敢收这位年长于自己的人为弟子，其他人也认为董沄身为长者，又那么有名气，实在不宜再拜老师。但董沄却坚持己见，终于在古稀之年正式拜王阳明为师。

类似的例子简直不胜枚举，它们共同说明了一个问题，真正的"我行"决不是自以为是，而是以一种虚怀若谷的态度来汲取力量，从中获得思考与行动的能力。

由于"我行—你也行"是以与人为善的心态去发现别人的能力的，因此它还有另外一个好处，就是善于发掘他人的长处，更好地理解别人，同情别人。此外，它还可收到兼收并蓄，更好地发挥自己能力的目的。

美国有家公司为了裁减过多的工作人员，计划将一些他们认为才能比较"低劣"的人员集中在一个专门成立的部门，不给他们分配任何实质性的工作，其目的就是让这些人在被冷落的情况下不得不自动提出辞职，这样公司就可以不承担解雇的责任。

公司的另一位领导知道了这一计划后，认为这种做法极为不妥。为了能给几乎木已成舟的定势带来最后的转机，他主动向公司请求去担任那个部门的经理。在获得批准后，他对该部门的每个人的特点和专长进行了仔细的分析，然后根据自己了解到的情况给他们分别安排了适当的工作。这些人在这位经理的帮助下很快恢复了自信，而且找到了与自己的情况最相适宜的工作，因而很快便与以前的样子判若两人。他们非但没有像公司其他领导人预料的那样自动辞职，反而取得了十分卓越的成绩。这位经理所领导的部门也因此变成了充满生命力和朝气的部门。要是这位部门经理也和别的公司领导人一样，把这批人归属于“不行”者之列而对他们进行“冷处理”，其结果如何则是不言而喻的。

“我行—你也行”还有另外一种含义，即有时候应该站在别人的立场来考虑问题，在人与人的相互关系中尊重和理解别人的立场，不要一厢情愿地把自己的观点强加于别人，应该使别人获得应有的尊重。

卡耐基曾经谈到过他的一次经历：他家附近有一处森林公园，他常常带着一只小猎狗去散步。由于公园里游人稀少，因而他经常不给狗挂链子或戴口罩。一天。一位警察发现了卡耐基的危险行为，便严厉地告诫下次一定要给狗挂上链子或者戴上口罩，否则他将给卡耐基以处罚，卡耐基答应了。

刚开始卡耐基还坚持每天给狗挂链子或戴口罩，可不久之后，卡耐基觉得这样做十分麻烦，他认为公园里没什么人，再加上他的那只小猎狗又从来不咬人，因此又不把警察的告诫当一回事了。他又像往常一样，让小猎狗自由自在地在公园内跑。一次，卡耐基的行为又被曾经告诫过他的那位警察发现了。卡耐基面对怒火冲天的警察，并不主动为自己辩护，而是马上态度诚恳地向警察承认了自己的过失，并主动要求给予处罚。这样一来，警察的怒气顿时烟消云散，他只是客气地要求卡耐基吸取教训，以后不要再那样做了。于是，这件事在愉快的气氛中得到了妥善的解决，卡耐基并没有因此而受到处罚。但我们可以想见，如果卡耐基在怒气冲冲的警察面前，只从自己的立场出发，为自己申辩，那么事情的结果将会怎样，恐怕就难以想象了。

对此，卡耐基深有感触地说，所有的警察都和大家一样，也是一个人，他们的任务是维护大家应共同遵守的准则，此外，他们还得维护作为一个执法者的应有的尊严，因此，唯一能增强他的自尊心的方法就是尊重他，站在他的立场来考虑问题。卡耐基的这种通情达理的做法是值得人们在日常生活中处理问题时加以借鉴的。

此外，“我行—你也行”并不意味着“我”在这方面行，“你”也一定会在这方面行。而应该树立这样一种信念：在这个纷繁复杂的世界中，每个人都有自己的价值和自己相应的社会位置，严格说来，这个世界没有一个无论在哪一个方面都绝对“行”的人，更不可能存在一个在所有方面都“行”的人，当然，也不会存在一个绝对“不行”的人。每个人总是各有长短，比如，相对论的缔造者爱因斯坦在人们心目中是一个“非常聪明”的人，但是他也并不是在所有领域都有过人之处。实际上，童年的爱因斯坦很迟才会说话，为此，他的父母还一度担心过他是否在某些方面存在着生理缺陷。

有人还提供了这样一个相反的例子：有位教师曾经带一位“低能”儿童去医院进行智力测试，其中有一项测验名为“摹想构造”，要求将不同形状的小木块拼在一起构成一个整体的图案。这位教师费尽心机，足足花了10分钟才拼好，而那位“低能”儿童只用了1分钟就拼出了理想的图案。

因此，“我行—你也行”这种人生态度在更高的意义上，就是本着一种良好的愿望，再实事求是地结合现实处境，去善意地对待生活中的每个人。它充分地体现了一种健康人格的魅力。

“我是一个人，你也是一个人；我重要，你也重要”。我们尊重了别人的价值，同时也就是尊重了自我的价值。这就是“我行—你也行”观点的基础。现在回头看看上文所论述的几种品质，你属于哪种人呢？

第六章

学会自律 懂得感恩

1. 自律才能获得人格高境界

古语中有“鼹鼠饮河，仅止满腹”之说，俗语中有“日有三餐，夜有一眠”之论。这些都说明了一个道理：人的一生在物质上并非需要太多。那么，要想获得人格境界，自律才是根本。所谓自律，在伦理学上与“他律”相对。指主体的自觉的道德意识和实践，是反映道德发展水平的概念。

在生活中，我们常看到有人为了获取物质上的享受，不惜费尽心机，最终“机关算尽太聪明，反误了卿卿性命”。谁都愿意日子过得舒坦些，但有人把它和追逐物质利益等同起来。其实人所需要的并不多，但许多人即使明白，也难以遏止自己膨胀的欲望。他们为了追逐高水平的生活，把自己的人格境界降到了正常水平以下。

人格境界如何，是判断一个人的重要标准。一个人在物质方面追求太多，所追求的享受超出了自己所需，必然会降低自己的人格境界；而有较高人格境界的人，一般不会对物质生活过分讲究。

也许我们不难发现，一个人的物质生活如何，与他的人格境界关系不大。我们看到：在物质上追求太多的人，往往会迷失自我。由于降低了自己的人格，貌似聪明，实际上却十分愚蠢。

在当今社会的大背景下，一些人追求的已经不是人格的境界而是物质的丰厚，正如有人大喝：“人格值多少钱？”

是的，人格的确不能换来金钱。有些贪污腐化的人，想来他们一定“风流”过、“潇洒”过，一定认为自己了不起。

他们之所以要收取大量贿赂，置人民利益和国家利益于不顾，想来不过是为了在生活上表现出自己的不同凡响，膨胀了的物欲使他们把人民赋予他们的权力当成“改善生活”的工具。待东窗事发，他们却丑态百出。这就是因为他们为了物欲而失去了做人的理性。

人一旦失去了理性，在生活上要求过高，必然要以降低人格境界为代价。许多聪明人之所以在人生的路上表现得十分愚蠢，大多是被欲所惑，忘记了做人必须有自律的结果。如果想使自己有较高的人格境界，首先要从对物质生活上的“低姿态”处理做起。物质生活的低姿态是建立在自律和自重基础上的。

自律要求人自我约束。一旦放松了自律，就会“一篙不撑退千寻”。放任容易、自律难是人之常情。许多人对物质的过度追求，都是因放任自己而产生的。

自律是对人格的自我呵护。诚信而自律是人格修炼的起点，是做人立德的根基。

一个人若不能诚实守信，缺乏对自我行为的责任感，就会在社会上四处碰壁、孤邻寡朋，甚至无法安身立世、做人成事。

汉代的杨震是位千古留名的清廉之士，当有人给他送来重金且以无人知晓相告时，他说：“天知、地知、你知、我知，何谓无人知？”

鲁国国相公仪休嗜鱼，有人送鱼给他，他却坚决不收。

有人不解地问他：“你既然爱吃鱼，为什么不收送上门来的鱼呢？”

公仪休笑着说：“我就是为了长久地有鱼吃，所以才不收别人送的鱼。”这话很值得人们玩味。他不因为自己的喜好而降低做人的境界。

这样的人，无论在顺境还是在逆境都会有所不为。即使其生活十分清苦，也不会为了获得物质利益而忘记了对自身人格境界的追求。

美国著名的经济学家托马斯·J. 斯坦利博士说：“人是很难靠所谓运气、遗产继承、高层等级地位甚至高智力去积聚财富的。财富常是辛勤工作、坚持不懈、善于计划，特别是克己自律的生活方式的结果。”

知识链接

人格境界如何，是判断一个人的重要标准。一个人在物质方面追求太多，所追求的享受超出了自己所需，必然会降低自己的人格境界。

2. 约束、克服自己的欲望

自我控制、自我约束也就是要求我们按理智判断行事，克服追求一时情绪满足的本能愿望。一个真正具有自我约束的人，即使在情绪非常激动时，也能够做到这一点。

自由并非来自“做自己高兴做的事”，或者采取一种不顾一切的态度。自己要战胜自己的情绪，证明自己有控制自己命运的能力，必须学会自控。如果任凭情绪支配自己的行动，那便使自己成了情绪的奴隶。一个人，没有比被自己的情绪所奴役更不自由的了。

我们每个人都在努力做使自己生活更有意义的事，并且在向着未来的目标奋进。但是，生活在现实的世界中，我们绝不应该采取仅使今天感到愉快的态度而丝毫不顾及明天可能发生的后果。我们的情绪大都容易倾向于获得暂时的满足，所以我们要善于做好自我约束。但是须注意的是，那些提供大量暂时的满足的事，通常就是对我们长期的健康、快乐和成功最有害的事情。因此，在追求一种有意义的生活时，我们应当努力预测自己所从事的事情对将来可能产生的后果。

不可否认，人是有欲望和需求的，如果对欲望和需求不加以约束和克制，欲望就会自我膨胀。权力欲、名利欲、占有欲、贪欲，所有这些都是人生活在社会中，受到社会环境的影响产生的，也最能对人的情绪产生影响。道家所提倡的“清心寡欲”是对待欲望的一种方式，而还有一种方式，就是不加克制地任由欲望膨胀，其结果当然只会增加伤害。

除了欲望，人还有惰性心理以及消极心态，这些都将影响到你的情绪。所有的成功者无不懂得自律。自律是修身立志成大事者必须具备的能力和条件。

从本质上讲，自律就是你被迫行动前，有勇气自动去做你必须做的事情。自律往往和你不愿做或懒于去做，但却不得不做的事情相联系。“律”既然为规范，

当然是因为有的行为会越出这个规范。比如，刷牙洗脸是每天必须要做的事情,但是在有一天你回到家筋疲力尽，如果你倒头就睡，是在放纵自己的行为；如果你克服身体上的疲惫，坚持进行洗漱，这是你自律的表现。人们往往会遇到一些让自己讨厌或使行动受阻挠的事情，而在这种情况下，你就应该克服它对情绪的干扰，接受考验。

自律表现为两种：一是去做应该做而不愿或不想做的事情；二是不做不能做、不应做而自己想做的事情。做到了这两点，问心无愧，坦坦荡荡，情绪也会变得光明而积极。

用了同样的努力，有人成功了，有人则失败了。他们可能都知道成功的途径，但他们之间有一个主要的不同，在于成功者总是约束自己，去做正确的事情，而不成功的人总是容忍让自己的感情占上风。正如有人所说：“我的预见很少出错，但我却常常做错事。”要具备自我约束的能力，必须不断地分析自己的行动可能带来的长期的最大利益的决定而行动，必须抑制人的感情的冲动。感情冲动地行事，是一种失去控制的危险生活。然而，我们却依旧凭感情冲动行事。例如：当一大群人朝着一个方向行走，而你的理智或常识告诉你那是一个错误的方向时，你自我约束的能力就受到严重的考验。这时也正是你必须运用自我约束的力量压倒你随大流时那种短暂的舒服感受的时候，要提醒自己，这个大流从长远看并不一定都正确。而战胜自己之后，你的情绪能力也将得到飞跃。

千万不要纵容自己，给自己找借口。对自己严格一点儿，时间长了，自律便成为一种习惯，一种生活方式，你的人格也因此变得更完美。

知识链接

要具备自我约束的能力，必须不断地分析自己的行动可能带来的长期的最大利益的决定而行动，必须抑制人的感情的冲动。感情冲动地行事，是一种失去控制的危险生活。

3. 纵容自己就是毁灭自己

人性丛林里有多少敌人与险诈？答案是：敌人无所不在，险诈无处不有！

那么，最大的敌人是谁？答案是：自己！

再问，最可怕的险诈藏在哪里？答案是：藏在对自己的纵容里！

“最可怕的险诈是藏在对自己的纵容里。”这是一种观念性的说法，意思是说，人一纵容自己，外面的险诈便有了入侵之机，所以人类最大的敌人是自己，能战胜自己，外面的敌人便没什么好怕的了。

那么，“纵容自己”指的是什么？有以下数点：

——纵容自己的怠惰。有人是天生怠惰，这种人没什么好说，因为他根本无“勤勉”的自觉，谈了也是白谈。有人则是属于特定条件下的怠惰，例如长久工作后休息所产生的无力无心再起的心理性怠惰以及高压力下所引起的反弹式怠惰。除了天生怠惰，任何形式、原因的怠惰都是可以理解与接受的，因为这是一种放松，一种自我治疗。但若纵容这种怠惰的情况存在，甚至沉溺于怠惰，则危机必伴之而生，除了本身的退化之外，也给外敌有可乘之机。

——纵容自己的弱点。人都有弱点，有些弱点是先天的，无法矫正，但性格上的弱点却可以人为去矫正或补强。例如好色、好赌等这些致命性的弱点，你如果不愿坦诚面对，尽力节制，而纵容自己在里面寻求满足，那么将予人以可乘之机，为自己带来麻烦。

——纵容自己的安逸需要。人都是好逸恶劳的，但安逸和危机是双胞胎，如果耽于安逸而不做危机思考，或贪图安逸而逃避问题，则麻烦必至。“生于忧患，死于安乐”。古人之言，今人不可不信。

——纵容自己的欲望。满足欲望是人性，但不论有无满足欲望的条件，纵容自己的欲望绝不是件好事，因为这将使你失去清醒，模糊你追求的目标，于是险诈至矣！

——纵容自己的情绪。放纵喜怒哀乐的情绪，除了会影响别人的情绪之外，也会改变别人对你的态度。尤其是“怒”的情绪，这是一把利剑，很容易伤人。除了会使你的人际关系产生变化之外，也会因别人不愿接近你，不愿提供给你可靠的情报，使你对周遭的环境认识产生扭曲，失去判断的准确性。

大人物之所以为大人物，就因为他们永远不会纵容自己，他们总是不断地反省，永远地自律，所以，在人性丛林里，他们往往是胜利者，因为他们先战胜了自己！

4. 学会自律，善于自律

在日常生活中，每个人都体察到，自己的思想与行为，无时无刻不受到社会的制约。同时只要是正常人，也大都习惯于接受社会的习俗、道德、法律及制度的规范要求，约束自己的行为，以求同社会保持统一。这种他律与自律的一致，是顺利发展人生的重要保障。作为现代人，自觉地认识他律与自律的辩证关系，在实践中学会自律，善于自律，更是获得行为自由，顺利发展自身的必要前提。

在现实生活中，他律的范围十分广泛，其类型也必然多样。概括起来，他律主要有四种形式：传统习惯、纪律、法律和道德。此外，他律形式还包括各种制度、规定、决议等。在社会实践中，所有这些形式互相补充，密切配合，积极而有效地共同约束社会全体成员，促进着社会的繁荣与人生的健康发展。

正常的社会生活与人生的发展，不仅依靠他律的制约，而且更重要的依赖人们自律的保障。自律是相对他律而言的一个概念。所谓自律，即自我控制、自我约束和自我修养。它是指人们通过社会化和继续社会化的教育过程，树立正确的世界观和人生观，自觉地运用各种社会规范来指导、约束和检点自己的行为，使之“不逾矩”。自我控制与人们的思想觉悟程度有密切的关系。能够自我控制和自我约束的人是自己行为的主人，反之则成为自己行为的奴隶。

在现实生活中，自律对人的成长进步以及整个社会生活的正常化，都有着十分重要的意义。古今中外，人们高度重视自律，重视人自身的品德修养。自律的形式多样，概括起来，主要有三种：

（1）自识。

自识即人对自我的认识。这种认识是多方面的，包括生理机制、心理素质、智能特点、行为特点等等。但从个人修养角度，则主要在于个体应客观地、全面地正确认识和评价自己，为搞好自律打下良好的基础。这就是所谓的“自知者明”。不能自识、自知，就无从自律，行动中就会因盲动而招致失败。只有首先自识，才能自觉按客观规律严于律己，在行动中获得成功。

（2）自省。

自省即自我反省、自我监督、自我检点。它是在自识前提下进行的。通过自省，发现自己思想深处存在的种种问题，及时加以纠正和克服。

（3）自责。

自责即自我责备、自我解剖、自我批评。它是自我的进一步发展与深化，也是自省的结果付诸表面行动的过程。自我批评历来是成就大业者自我教育和自我改造、开诚布公承认错误和公开改正自己错误的最好武器。凡是在修养上卓有成效者，都是严于自我解剖、勇于自我批评的人。

他律对人的行为进行外在控制，自律则对人的行为进行内在控制。它们对人生发展都有着重要意义。

他律与自律能使一个人增强生活的适应能力。青年刚踏上社会，成为社会生活的主角。刚开始，一切都会感到新鲜，但也同时会在工作方式、人际关系以及生活方式等方面伴随着某些不适应感。他们处理现实的能力还比较差，对一些令人高兴、满意的事比较容易接受，而一遇到那些扫兴的、失意的事，就想不开，不容易接受。这时，倘能从职业道德，法制纪律以及其他各种他律形式的教育上，使之面对现实，从而承认它、接受它；同时用启发内心自觉的方式要求自己严于自律，积极服从与顺应，就会使自己的情绪逐渐稳定下来，较快地适应新的生活环境和工作条件，并想方设法解决实际中的诸种矛盾，获得新的成绩。

他律与自律还能培养一个人的独立能力。青年人刚进入社会生活，各方面都比较幼稚，思想上也比较单纯，独立能力较弱，随大流现象相当普遍和突出。从心理学角度看，往往会在群体压力下形成一种“从众心理”与“从众行为”倾向。即当他发现自己的意见与群体的行为不一致时，他会感到心理紧张，迫使自己趋向一致，从而失去辨别是非的能力，失去自己的独立性。如果他律与自律约束有力、是非明确，就能够较快成熟起来，独立能力也会大为提高。

他律与自律是整个人类社会控制系统中两个有机组成部分，它们相互联系，相互约束，缺一不可。

他律是自律的依据。人们要自律，当然先要知道社会对自己有些什么规范要求。如果社会对个人根本就没有什么规范要求，那么，人们的自律就毫无必要。事实上，任何一个社会都有自己的行为规范，要求人们共同遵守。这些规范的存在为人们提供了一定的行为模式，是社会成员实行自控的前提与依据。人的社会性本身，也决定了没有一定的所有成员必须共同遵守的社会规范，社会的正常生活和人类发展都很难继续下去，也无从去自律。

在现代社会，要保持社会的秩序、文明，就要求人人遵纪守法。这也先要有法可依，有纪可守。社会要求人们有理想、有道德、守纪律，首先就应健全法制，加强精神文明建设，为人们提供一套可遵循的行为模式。轻视道德，根本不知道德为何物的人很难想象会有什么德行。有人曾对120名失范青少年进行过心理分析，发现有60名始终没有想过什么叫道德，有30名不懂什么叫道德。所以，不懂他律者根本无法自律。

自律是他律的基础。他律对人们行为的制约作用是明显的，但很有限。因为他律主要只是针对社会中少数人的越轨行为，而且很可能那种因慑于法律的权威，不敢公开行不义之事的人，在私下无人时就犯罪。因此，他律必

须通过自律才能更好地发挥作用。实际上，社会控制的真正动力并不是外来的，而是在于将外界的思想、规范、法律、规章制度等内化为自己人格的核心，成为制约个人行为的真正力量，时刻以此鞭挞有关犯禁活动的思想欲念，防止不良行为的发生。这样，内心的自我鞭挞就成为一种交替刺激，能不时控制行为的过失。所以，控制的真正基础在于自我内心之中。

总之，他律与自律既相互对立，又相互联系、相互作用，在有机统一中有效地调节着人们的思想与行动，保障着人类发展与个人的健康成长。

学会自律，善于自律，也必须提高自制力。自制力就是一个人善于控制和支配自己行动的自我调节能力。自制力是一种可贵的品质，使自己的行为服从道德价值目标。如果在道德选择中缺乏自制力，就会出现行为的失控。自制力也是一种意志品质，通常反映着一个人对自己情感、情绪、愿望、习惯与爱好等心理方面的控制能力。

学会自律，善于自律，还必须在实践中锻炼。实践可以检验自律，强化自律。在实践中，可通过一系列切实可行的具体方法，加强自律。

（1）自我规划。

规划的目的在于促使自律目标实现。当然光有计划并不能使自律有所成就，还需要有行动才能使自我系统运动起来。但自我规划毕竟是行动的前提，无此便不会产生理想的自律结果。规划的方法有多种，诸如写决心、列项目、提方案等均是，还有一种就是树立楷模，运用楷模形象不断要求与激励自己。

（2）自我纠偏。

在实践中常会出现一些偏差，甚至养成一些不良习惯。一个善于自律的人，可以通过自制力的作用，进行不良行为的自我纠正。纠正的办法主要是实施负自我强化。一般分三步进行，即习惯解冻、习惯转变和防止新行为冻结。习惯解冻是使自己跟已习惯的环境、条件、来源隔离，严格自我批评，设计新的行为标准；习惯转变是新行为由外部行动向内部心理的动作转化，加强自我监督，强化新行为；防止新行为冻结是保持强化环境，使新行为成为新习惯，或通过有间隔的强化，防止新行为冻结。

（3）把握正确的原则。

原则性也是一种责任心，正己也要讲原则，即常讲的“较真”。原则有大小层次之分，所有规范、制度、纪律等都是原则。

（4）持之以恒，永不懈怠。

俗话说："善始容易善终难"，必须持之以恒、善始善终，才能锤炼出高度自律的品格。大凡成绩卓著者，均是数十年如一日，专心致志自律的结果。只有从点滴开始，坚持不懈，才能使科学的自律观念不断巩固与发展。

知识链接

俗话说："善始容易善终难"，必须持之以恒、善始善终，才能锤炼出高度自律的品格。大凡成绩卓著者，均是数十年如一日，专心致志自律的结果。

5. 控制自己容易激动的性格

华盛顿甚至在还是小学生时，就开始了他毕生的不断约束自己的努力，他辛勤地抄写了一百多条"怎样成为一名绅士"的准则，其中包括不要在饭桌上剔牙，以及同别人谈话时不要离得太近以免"唾沫星子溅在人家脸上"等诫言。

1754 年，已升为上校的华盛顿率部驻防亚历山大市，当时正值弗吉尼亚州议会选举议员，有一个名叫威廉·佩恩的人反对华盛顿支持的一个候选人。

有一次，华盛顿就选举问题和佩恩展开了一场激烈的争论，其间华盛顿失口，说了几句侮辱性的话。身材矮小、脾气暴躁的佩恩怒不可遏，挥起手中的山核桃木手杖将华盛顿打倒在地。

华盛顿的部下闻讯而至，要为他们的长官报仇雪恨，华盛顿却阻止并说服大家平静地退回了营地，一切由他自己来处理。翌日上午，华盛顿托人带给佩恩一张便条，约他到当地一家酒店会面。佩恩自然而然地以为华盛顿会要求他进行道歉，以及提出决斗的挑战，料想必有一场恶斗。

到了酒店，大出佩恩之所料，他看到的不是手枪，而是酒杯。华盛顿站起身来，笑容可掬，并伸出手来迎接他。

“佩恩先生。”华盛顿说，“人都有犯错误的时候。昨天确实是我的过错。你已采取行动挽回了面子。如果你觉得已经足够，那么就请握住我的手，让我们做个朋友吧！”

这件事就这样皆大欢喜地了结了。从此以后，佩恩则成了华盛顿一个热心的崇拜者和坚定的支持者。

年轻时的所有不幸遭遇，造就了华盛顿后来众所周知的坚韧不拔的性格，他学会了要成功地对付环境的唯一办法，是要严格地控制自己容易激动的性格。

6. 检点自己的言行

一个人是否能检点自己的言行，在平时体现得最真切。缺乏自律这种优良品质的人，容易使自己屈从于不加谨慎考虑的欲望。在知识与思想上，容易随波逐流，盲目跟从某些浅薄无知的人。如果一个人没有勇气去克制日常生活中的欲望，实际上很难做到自律，很难培养真正的独立自主的品格。

元朝的时候，连年战火，局势动荡不安，老百姓为了保全性命，流落异乡。有一个读书人许衡，他也随着逃难的人潮，来到一处偏僻的村镇。难民们赶了一天的路，个个又饥又渴，看到路边的果树，大家欢喜地采撷水果，饱餐一顿美味。

许衡只是静静地坐着，并没有加入采摘水果的行列。有人热心地怂恿他：“许先生，赶快去吃水果，又大又甜哦！”

许衡回答：“这水果是有人种的，要得到主人的允许，才能摘来吃呀！”一旁的人哈哈大笑，不约而同说：“哎呀！先生，现在是什么年头了，各处战乱频频，果园的主人早就远走他乡，哪里还有什么主人呢？”

许衡面色凛然地回答：“尽管现在战火漫天，这个果园失去了主人，难道我们的心中就没有主人吗？我采摘水果食用，就是偷盗，侵犯别人的利益，我心中的主人时时刻刻替我监管道德，替我看守良知，我怎么能逾越规矩呢？"

世间的法律法规，虽然只能约束我们外在的行为，不能约束我们的心灵，但作为一个正常的人来说，应努力使自己的心如君子怀璧。

1858 年，美国的亚伯拉罕·林肯在参加参议院竞选时，有一位朋友真诚劝告他不要发表某次演讲，但是林肯回答说："如果命运注定我会因为这席讲话落选的话，那么就让我伴随着真理落选吧！"坦然的林肯果然落选，但苍天不负有心人，两年之后，亚伯拉罕·林肯终于就任了美国总统，且成为一位伟大的总统。

不要随意放纵自己，不要轻易向各种诱惑低头，坚持自己的方向与计划，管理好自己的人生。否则，你很可能因为贪图眼前的一点点安逸享受，而损失掉生命中真正的财富。

7. 培养超强的自制能力

富兰克林的侄子波特是一个聪明的年轻人，很想在一切方面都比他身边的人强，他尤其想成为一名大学问家。可是，许多年过去了，波特的其他方面都不错，学业却没有长进。他很苦恼，就去向富兰克林求教。

富兰克林想了想说："咱们去登山吧，到山顶你就知道该如何做了。”

那山上有许多晶莹的小石头，煞是迷人。每见到波特喜欢的石头，富兰克林就让他装进袋子里背着。很快，波特就吃不消了。

“叔叔，再背，别说到山顶了，恐怕连动也不能动了。”他疑惑地望着叔叔。

“是呀，那该怎么办呢？”富兰克林微微一笑。

“该放下。”

“那为什么不放下呢？背着石头怎么能登山呢？”富兰克林笑了。

波特一愣，顿时明白了。他向叔叔道了谢就走了。

从此，波特再也不沉迷于游戏了，一心做学问，进步飞快，终于成就了自己的事业。

其实,人要有所得必要有所失,只有学会放弃,才有可能登上人生的极至高峰。

一个人要成就大的事业，不能随心所欲、感情用事，对自己的言行应有所克制，这样才能使错误、缺点得到抑制，不致铸成大错。哪怕是对自己的一点小的克制，也会使人变得强而有力。德国诗人歌德说：“谁若游戏人生，他就一事无成，不能主宰自己，永远是一个奴隶。”要主宰自己，必须对自己有所约束，有所克制。

自制能力是在日常生活中和工作中善于控制自己情绪和约束自己言行的一种能力。一个意志坚强的人是能够自觉控制和调节自己言行的。如果一辆汽车光有发动机而没有方向盘和刹车的调节，汽车就会失去控制，不能避开路上的各种障

碍，就有撞车的危险。一个想要有所成就的人如果缺乏自制力，就等于失去了方向盘和刹车，必然会“越轨”或“出格”，甚至“撞车”“翻车”。一个人在完成自己的工作过程中，必然要接触各种各样的人，处理各种各样复杂的事，其中有顺心的，也有不顺心的；有顺利的，也有不顺利的；有成功的，也有失败的；如缺乏自制能力，放任不羁，势必搞坏关系，影响团结，挫伤积极性，甚至因小失大，铸成大错，后悔莫及。这样，当然很难把车驶到目的地了。因此，必须善于克制自己，不使自己的言行出格。

怎样才能培养自己过人的自制力呢？

（1）尽量保持理智。

对事物认识越正确，越深刻，自制能力就越强。比如，有的人遇到不称心的事，动辄发脾气，训斥谩骂，而有的人却能冷静对待，循循善诱以理服人。为什么呢？古希腊数学家壁达哥拉斯说：“愤怒以愚蠢开始，以后悔告终。”所以对自己的言行失去控制，最根本的就是对这种粗暴作风的危害性缺乏深刻的认识，因而对自己的感情和言行失去了控制，造成了不良影响。

法国著名作家小仲马有过这样一段经历，他年轻时爱上了巴黎名妓玛丽·杜普莱西。玛丽原是个农家女，为生活所迫，不幸沦为娼妓。小仲马为她娇媚的容颜所倾倒，想把她从堕落的生活中拯救出来，可她每年的开销要十五万法郎，光为了给她买礼品及各种零星花费，他就借了五万法郎的债。他发现自己已面临可能毁灭的深渊，理智终于战胜了感情，他当机立断，给玛丽写了绝交信，结束了

和她的交往。后来，小仲马根据玛丽的身世写了一部小说——《茶花女》，轰动了巴黎，小仲马也因此一举成名。理智使小仲马产生了自制能力，使他悬崖勒马，战胜了感情的羁绊。

（2）培养坚强的意志。

前苏联教育家马卡连柯说过："坚强的意志——这不但是想什么就获得什么的本事，也是迫使自己在必要的时候放弃什么的本事……没有制动器就不可能有汽车，而没有克制也就不可能有任何意志。"因此，反过来也可以说，没有坚强的意志就没有自制能力。坚强的意志是自制能力的支柱。意志薄弱的人，就好像失灵的闸门，对自己的言行不可能起调节和控制作用。

（3）用毅力控制爱好。

一个人下棋入了迷，打牌、看电视入了迷，都可能影响工作和学习。毅力，可以帮助你控制自己，果断地决定取舍。毅力，是自制能力果断性和坚持性的表现。列宁是一个自制能力极强的人，他在自学大学课程时，为自己安排了严格的时间表：每天早饭后自学各门功课；午饭后学习马克思主义理论；晚饭后适当休息一下再读书。他过去最喜欢滑冰，但考虑到滑冰比较疲劳，使人想睡觉，影响学习，就果断地不滑了。他本来喜欢下棋，一下起来就入了迷，难分难舍，后来感到太费时间了，又毅然戒了棋。滑冰、下棋看来都是小事，是个人的一些爱好，但要控制这种爱好，没有毅然决然的果断性就办不到。常常遇到这样一些人，嘴上说要戒烟，但戒了没几天就又开始抽了。什么原因呢？主要就是缺乏毅力。没有毅力，就没有果断性和坚持性，自制的效率就不高。可见，要具有强有力的自制能力，必须伴以顽强的毅力。

知识链接

一个人要成就大的事业，不能随心所欲、感情用事，对自己的言行应有所克制，这样才能使错误、缺点得到抑制，不致铸成大错。

第七章

学会慷慨待人

1. 真正的慷慨

在健康人格的结构中，慷慨待人可以说是一种很高的境界。

一个慷慨的人，他能从与之交往的每个人的需要出发，在对方乐意接受的基础上，发挥自己积极的有效的影响，从而为对方向更好的方向上发展创造条件；同时，在这种自身人格力量得以实现的过程中，生命的意义也得到了充分的实现。在这个世界上，不仅个人要生活得美好，而且也要为别人的美好生活做一点力所能及的事情，在这种博爱的作为中，使自己进入一种美好的心灵境界。

慷慨包含着许多方面的内容，如精神方面的慷慨、情感方面的慷慨、物质方面的慷慨等等。有一年，纽约市重症流行感冒肆虐，源源不断的病人使医生和护士应接不暇。纽约市某个俱乐部的一些会员决定贡献一点力量。这些会员大多是上了年纪的富翁，如果要捐赠一笔钱是太容易了。但他们并没有这样做，而是穿上制服，为医院清洁环境，替病人洗澡，帮助医护人员看护病人，安慰垂死的患者和死者的家属。他们不顾疲劳及染病的可能性，以极大的热情，昼夜做着这些事。这些人并不是出钱，而是奉献出自己的劳动和情感，以自己生命的活力来激发病人的生机。医院所需要的或许并不是金钱，而是工作人员的热情和病人所需要的慰藉，给以情感上的满足也是一种慷慨。

有一位男士过生日，他的太太送给他一株木兰树作为生日礼物。生日那天他提前回家，看见邻居的一位孩子正在他家院子里挖坑，他感到很奇怪，于是他上前去询问，孩子歉然地解释道："我知道今天是你的生日，那株木兰树就是你的生日礼物。我很穷，但是我也很想送一份礼物给你，没有别的什么东西，就是这个坑，用它栽上你的木兰树吧！"这个人听了非常感动，这份"礼物"是无法用金钱买到的呀！

经常地，我们局限于物质上的慷慨。比如，一位朋友陷入了某种经济上的困境，你慷慨解囊帮助他解决困难，这当然是一种慷慨待人的行动。但这种慷慨，它不仅要受到个人实际能力的制约，没有钱的就无法慷慨，而且它往往未必会必定赋予对方精神上的欢乐。那个邻居孩子的一个土坑，对过生日的人来说可能比一百美元更有价值吧！他可能根本就不缺钱，但有一个人在诚心诚意地祝福他的生日，给他一份童稚纯真的情感，这又何尝不是幸福呢？真正的慷慨不一定就是物质上的给予，它还有更丰富的蕴意更深的内容，这才是真正意义上的慷慨。

待人大方，对朋友真诚帮助也是必不可少的慷慨。这种慷慨不是常常体现在花费多少钱的问题上，而是表现在你对朋友是不是真诚地关怀。一个吝啬自己真诚的人，会给别人留下什么样的印象呢？别人的感觉恐怕只有厌恶和尽量避而远之。

台湾著名作家三毛，失去丈夫九年之后，有一次遇到一位男士，经过多次接触之后，她感到这人不错，于是萌发了和他谈恋爱的念头。两人约好在中国传统的元宵节去观赏花灯，可不巧的是在此期间三毛肌腱发炎，住进了医院。由于生病，三毛本来不想去观灯了，但是因为这位男士的诚意，三毛请假从医院出来陪他一起去。这位男士为了省钱，不肯招出租车，而是带着她去乘公共汽车。晚餐时，两人只是在街边的一家小摊上吃饭。回去时，这位男士又不体谅三毛的病情，仍旧去搭乘公共汽车。事后，三毛很痛苦，不仅是因为病症，更重要的是这位朋友只顾自己，不能对朋友奉献自己的爱心和真诚。三毛说道：“我不是个奢侈的人，但我是个病人……他一切都好，就是不慷慨。这次约会的确是经济实惠，但从此他也失去了我这个朋友。”

为别人的成功和幸福而高兴，这也是一种慷慨。满怀热情地祝福别人的幸运，而不是以偏狭的心理去妒忌。每一个人都应该将别人生活中的明媚阳光视为天经地义之事，怀着温厚的胸怀共享朋友的欢乐，只

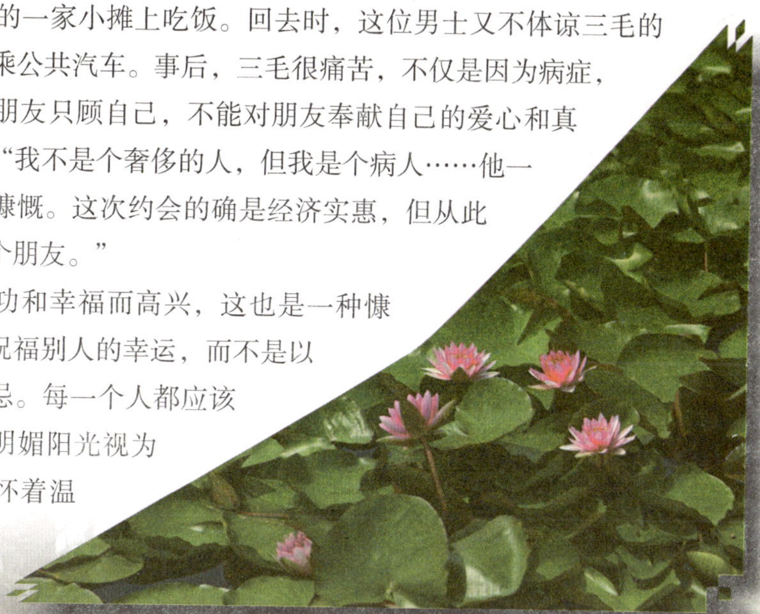

有这样，一个人的心境才能明朗，而不致成天为不必要的恶劣心情所困扰，过分的嫉妒就是一种病态的人格。

宽容大度也是一种慷慨。中国人有句名言：“海纳百川，有容乃大。”不拘泥细枝末节的小事，容许别人发表和自己不同的见解，宽恕别人的一些过失。以豁达大度的胸怀处理人与人之间的关系，这是健康人格所必须具备的优良品质。

我国的一个历史小故事颇为耐人寻味。楚庄王一次夜宴群臣，正当大家酒酣耳热之际，忽然一阵风吹熄了大殿的烛火。在一片黑暗之中，一员武将对王后做了非分之举。王后情急之中揪下了那人的冠缨，并将此事告诉了楚庄王。楚庄王却认为这仅是酒后的偶然失态，因而他不仅没有动怒，而且还令所有的武将都摘下冠缨，这样在灯火复明时那位失去冠缨的武将就不会被认出。这位武将在羞愧难当的同时，非常感激楚庄王的宽宏大度。后来在一次楚庄王被困的危急关头，此人舍命救出了楚庄王。正是楚庄王的宽容大度，使他多了一位知己。

不搬弄是非、曲意诽谤他人也是一种慷慨。正如美国一位作者在其成名之作中指出的那样：“在一切慷慨行为中，最难能可贵的也许是以君子之心度人——不传播恶意的谣言。”中国也有句古话说道：“静坐当思己过，闲谈莫论人非。”健康的人格是，对某人有意见，对他的所作所为不认同，最好的方法就是当面坦率地指出其不足之处，使其认识到自己的缺陷。将朋友的缺点看成是自己的缺点，千方百计帮助他改正，使其回归到健康的人格，而不是用诽谤的方法来排泄心中的不满。这样，作为一个人，给人的形象就是胸怀宽广，光明磊落。

慷慨的最终力量来源是自信，是自己对自己的所作所为的肯定。对一个敢于承担责任、真诚友善、顶天立地的人来说，真心关怀他人，坦诚与人分享快乐和宽厚仁道、和颜悦色等慷慨行为都是自然表现出来的。

一位教育家讲过这么一个故事：有一天，一位拳击冠军在电车上被一个莽撞的醉汉猛推硬挤，他只是静静地退到一边。他的朋友说：“你为什么要容忍？你是世界重量级拳击冠军呀！你没有必要这么客气。”可这位拳击冠军说：“世界重量级拳击冠军有资格客气一点。”

艾森豪威尔当政的时候，有一位官员因病逝世了，另一名官员梦想这一位置已很久了，在那位官员逝世以后，经常打电话给艾森豪威尔，陈述自己的优势和已死官员的种种不是。一天晚上，这位官员又打电话给艾森豪威尔，问自己能否取代那位官员的位置，艾森豪威尔很幽默地回答："如果火葬场不介意，我当然不反对！"

慷慨在本质上是给予而非获取，而这种给予并非是一种简单的舍弃或牺牲，而是在奉献的同时，敞开我们的心胸，从而获得一种无与伦比的欢乐。

知识链接

不拘泥细枝末节的小事，容许别人发表和自己不同的见解，宽恕别人的一些过失。以豁达大度的胸怀处理人与人之间的关系，这是健康人格所必须具备的优良品质。

2. 莫献殷勤

献殷勤者是恐惧的，他是害怕别人不与他好，所以才巴结人。这种交往是不自然而丑恶的。

生活是由无数的小事集合而成，正如无数小溪汇集成大河。小事虽小，但却蕴藏生活哲理，能引发人的深思。下面这件小事就是如此。

那天，我去某校办事，见他们校长和主任一起骑自行车外出，行经校园大道时，校长发现有个下水道盖未盖，就随口说了一句："怎么下水道盖未盖？"可主任听后却如奉圣旨，急忙刹住车，迅速跳下来，三步并作两步，跑到下水道口前，费了九牛二虎之力，将沉重的铁盖盖好，又怕校长久等，未及喘气，就又匆匆跑回自行车前，与校长一起外出。

我在边上看着，心里产生了感慨：何苦呢？40多岁的人了，拍马屁也不能拍到这个份儿上。换了我，只会刹住车，叫一些附近的学生，把盖盖好。这样我既听了校长的话，又没有表现出过分的奴颜卑膝。

献殷勤固然能让很多人喜欢，但同时，却会让人觉得你没本事。因为真正有本事的人，多少都有几分恃才傲物。如果我的手下有一个喜欢献殷勤的人，我虽然会喜欢他，但内心深处总会觉得他没多大本事，至多也只会让他当一个副手，不会让他去独当一面。

献殷勤有辱你的人格尊严，只会让人更加瞧不起你。

莫献殷勤这一条说来简单，但却是我一个熟人十多年人生失败的痛苦总结。有一天，他以过来人的姿态语重心长地对我说：

“做人千万不要献殷勤。我在学校是教体育的，我夫人教英语，是学校办公室主任，人长得又漂亮，我们家是典型的女比男强，因此我事事都迁就她。开始我招聘到深圳大学，但她找的工作不理想，就叫我回去，说：如果你不回去，我们就离婚。我想夫人比工作重要，于是就放弃了深圳大学的职位，回了老家。但回去后她还是与我离了婚。我再到深圳，深大的职位已满了，最后只好去了华侨城。

“平时在家里，就因为她比我强，我对她殷勤备至，每天下班，就忙着买菜、洗菜、做菜，连小孩的尿片子，都是我洗，而她下班后，回家就坐在沙发上看报纸。我是一个男人，我越这样，她反而越看不起我，我尽了最大的努力，但这个家庭最终还是破裂了。”

做人就是这样，你越献殷勤，对方反而会越瞧不起你。正如西方谚语所说：“急于出嫁的姑娘，反而将小伙子吓跑了。”

我有一个同事给我介绍了他两次恋爱的经历。

第一次，经熟人介绍和一个小姐在歌舞厅见面。见面后，熟人自不能充当电灯泡，找个理由避开走了。他请这位小姐跳舞，可是一曲未了，这位小姐就谈起她母亲说她年龄不小了，要早点结婚。你想想一个小姐，第一次与人约会，就谈起结婚的事，别人不会觉得她有问题吗？自然将人吓跑。

第二次，他又认识了一位女友，两人正谈得感情投契时，那位小姐却突然几天不来了，弄得他天天坐卧不安，反复告诉我们那位小姐与他说话用的什么语气、看他用的什么眼神，请我们帮助判断她是否对他有意。

可待到他有点失望时，那位小姐又来了。就这样，那位小姐来几天又不来几天，弄得他天天都像盼星星盼月亮一样，盼她的出现。

我想这位小姐懂得一些心理学。人就是这样，容易得到的东西不知道珍惜，不容易得到的东西才知道珍惜。这个世界上最好的东西永远是没得到的东西。你不献殷勤，经常吊一下人的胃口，反而会令他更加垂涎三尺。当然这样做不要过分，否则别人以为没有指望，就放弃了。

我们常说强扭的瓜不甜，但有些先生问我："你说强扭的瓜不甜，但有些瓜你不强扭还吃不到呢？"瓜只有到瓜熟蒂落时，才甜美可口；没有成熟的瓜一定是酸的。如果你愿意吃酸瓜，那就去强扭吧；而要吃甜瓜，那就最好等到瓜熟蒂落。

献殷勤者不仅是丑恶的，而且还会让你丧失主动权。心理学中有这样一条最小关心原理：较不关心人际关系者获主动权。你与你的朋友交往，如果是你对两人关系关注较多，那么对方一定获主导地位。反之，如果是对方对两人关系更需要、更关注，那么，你就会获得主导地位。

献殷勤者不仅是恐惧的，而且别人对你献殷勤，往往是另有所图。我记得小时候住的大院，里面有一口井，大家都喜欢喝井水，井水比自来水甜。因此家家都准备有一口大水缸装井水。邻居一位小姐，她男朋友每次来首先就看她家水缸满了没有，没满就去挑水。久而久之，只要这位小姐的男朋友要来，她家的水缸就一定是空的。有一天小姐的弟弟见家里的水缸空了，准备去打水，他母亲在一边说："小王要来的，你不用去了。"

我们小孩喜欢热闹，每次她男朋友来了，我们就跟在后面，边跑边喊："拎王来了！拎王来了！"但结婚后，这位先生却整天摇晃着二郎腿，什么事也不做了。别人问他："你以前挑水那么勤，现在结婚了，为什么却什么也不做了？"他回答："从奴隶到将军嘛！"我想这位小姐吃亏了，原来找位奴隶，现在却变成了将军。有些小姐告诉我她们的恋爱观，要找个从将军到奴隶的人。开始让他当将军，说明他有本事，然后再将他驯服为奴隶。我想这样总比你找个先奴隶后将军的人划算吧！

我总觉得追一个人是一件幸福的事。谁追谁都占便宜，追别人是因为别人比你强或者你发现了她的优点，才追之不舍。但追人绝不是在她面前百般逢迎，追一个人是一种征服，是想办法在她面前充分显示出自己的优点，折服她。那种奴颜卑膝的追法，效果只会适得其反。仁、义、礼、智、信，是每一个真正做人者都必须遵循的，它也正是我们作为人的高尚人格，也都是我们所要努力维护的。

知识链接

仁、义、礼、智、信，是每一个真正做人者都必须遵循的，它也正是我们作为人的高尚人格。

3. 推己及人解人意

推己及人，就是用自己的心思去推测别人的心思，设身处地地替别人着想。

《论语·卫灵公》记载，孔子的学生子贡问孔子："老师，有没有一个字，可以作为终身奉行的原则呢？"孔子回答说："那大概就是'恕'字吧。"为了使子贡具体明白"恕"的道理，孔子补充说："己所不欲，勿施于人。"子贡按老师的教导去做。有一天，他对孔子说："我不欲人之加诸我也，吾亦欲无加诸人。"意思是说：我不喜欢别人强加在我身上的，我也不要强加在别人身上。子贡的话，可以说是"己所不欲，勿施于人"的最恰当的解释。

推己及人，显示了宽容体谅的道德情怀，数千年来，它一直是中华民族的传统美德。我国古代之所以成为举世著称的文明礼仪之邦是与此分不开的。

今天，随着社会的不断进步和发展，人们的交往越来越密切，人际关系也越来越复杂。所以，在先人优良传统的基础上，继承和发扬推己及人的美德，搞好人际关系，就显得尤为重要了。怎样才能做到推己及人呢？它要求我们以爱人之心来对待周围的人，无论做什么事，都要以自己的感受，去体会别人的感受，以自己的处境，去想象别人的处境；站在对方的位置上，将心比心，把别人当做自己对待，设身处地为对方着想。比如，你不喜欢别人伤害你的自尊心，你就不要伤害别人的自尊心；你不喜欢别人往你身上泼脏水，你就不要往别人身上泼脏水；你不希望被骗，你就不要骗人；你不愿意有声音干扰你读书学习，别人读书写字时你的动作就要轻一些。如果你能够从别人的角度着想，你就不难找到妥善处理问题的方法，你就会成为一个通情达理的人，并能得到别人的理解。即使未能获得别人的理解，自己也是问心无愧，因为自己是在堂堂正正地做人。

要做到推己及人，首先要做到“己所不欲，勿施于人”，然后进一步做到“己欲立而立人，己欲达而达人”。孔子对他的学生子贡说：“夫人者，己欲立而立人，己欲达而达人。”意思是说：一个有仁德的人，自己想要站得住，同时也帮助别人站得住。自己想要事事行得通，同时也要帮助别人事事行得通。使自己站得住那是“己立”，帮助别人事事行得通，那是“达人”。“己立立人”和“己达达人”是推己及人的积极表现。

当然，推己及人是有适用对象的。对善良的人，对奉公守法的人，应该对他宽宏谅让；对居心不良的人，对不法之徒，则须坚决与之斗争。否则，养痈遗患，祸害无穷。

推己及人这种替别人着想的道德情怀不仅在中国，在全世界也有着广泛的影响。据说国际红十字会总部里，就悬挂着孔子“己所不欲，勿施于人”的语录，体现了人类对美好人际关系的向往。

知识链接

一个有仁德的人，自己想要站得住，同时也帮助别人站得住。自己想要事事行得通，同时也要帮助别人事事行得通。

4. 克己利人多奉献

某君，好计较个人利益，评功争功，而且工作拈轻怕重，吃苦受累的事推给别人，沾光得彩的事抢在前头。遇到要去外地出差，他冬天挑南方，夏天挑北方，不冷不热的季节挑富区不挑穷区。若是不能如愿，就说自己“吃了亏”。由于他总想占便宜，有人就私下给他取了个外号，叫“老占”。

由“老占”的事儿，联想到我们的生活、工作中也确有那么一些人，他们入党入团之初，曾经牢记自己的誓言，一心为人民谋利益，吃苦在别人前头，享受在别人后头，凡涉及个人利益的事，很讲风格，调级让级，评奖让功，好处留给他人，自己乐于吃亏。但是后来，却放松了世界观的改造，受“只占便宜不吃亏”的利己主义思想影响，渐渐变得像“老占”那样，心胸比针眼儿还小，对个人利益锱铢必较，由群众的榜样变成了他人奚落的对象，更有甚者，成了烟酒糖茶、金元美钞的俘虏，沦为人民的罪人。这种人生价值观的萎缩带来的道德的沦丧、人品的渺小，无疑是可悲的。

其实，一个人如果打定主意“只占便宜不吃亏”，那是绝对行不通的，因为它违反了生活的辩证法。

人生悠悠万事，正如志愿军老战士、“活烈士”井玉琢所说：“世上只有简单两件事：吃亏，占便宜。都想占便宜，那亏给谁？”他是从凡事要先为国家、集体、他人考虑讲的这番话。可说到底，世界上所以要有革命，正是为了改变旧时代那种少数剥削者总是占便宜、广大劳动人民总是吃亏的不合理的社会制度。而在这个革命中，我们的前辈毁家纾难，抛头颅、洒热血，推翻了三座大山，使劳动人民翻身做了主人。要巩固和发展革命成果，建设幸福美好的社会主义新生活，更需要后来人像井玉琢那样，处处克己利人，继续牺牲奋斗，毕生奉献不已。这样的人越多，美好生活的到来就越早。

5. 以别人的利益为先

安东尼·罗宾谈起华人首富李嘉诚时说："他有很多哲学我非常喜欢。有一次，有人问李泽楷，他父亲教了他一些怎样成功赚钱的秘诀？李泽楷说赚钱的方法他父亲什么也没有教，只教了他做人处世的道理。李嘉诚这样跟李泽楷说，假如他和别人合作，假如他拿七分合理，八分也可以，那李家拿六分就可以了。"

也就是说：他让别人多赚二分。所以每个人都知道，和李嘉诚合作会赚到便宜，因此更多的人愿意和他合作。你想想看，虽然他只拿六分，但现在多了一百个人，他现在多拿多少分？假如拿八分的话，一百个会变成五个，结果是亏是赚可想而知。在台湾有一个建筑公司的老板，他从一万发展到拥有一百亿台币的资产。他是怎么创业成功的？他在别家做总经理的时候，对老板说，假如他成功的话，他希望大家都成功。他给老板看一则报道，是报道李嘉诚的，上面写着："七分合理，八分也可以，那我只拿六分。"同样是李嘉诚的哲学，用在不同的人身上，产生的结果不一样。之后他也从一个小员工成为身家二十五亿元人民币的董事长。

罗宾和任何人合作，都喜欢用这样的思考模式，因此他的合作伙伴越来越多。他说："有一个经纪人，他买房子每月还贷款有压力。为了帮他付清贷款，我给他额外的提成。我的另一个合伙人，他也有很多合伙人，他什么都不懂，我还得教他如何做，结果我和他对分。为了帮助他消除生活压力，我愿意做出更多的牺牲。"

罗宾认为，天下没有卖不掉的产品，只有不会卖的人。假如今天所有的事情都只是利益因素，或只要产品好就卖得出去的话，那天下就不需要任何营销人员了。在任何产品的营销中，营销员是最重要的因素之一。比如迈克，他是一家信封公司的老板。有一次，他去拜访一个顾客，那个经理一看他就说："迈克先生，你不要来了。我知道你很有名，我知道你很成功、很有钱，但我们公司绝对不可能给你下定单，因为我们公司的老板和另一位信封老板是二十五年的深交，我们二十五年以前就和他交易。你也不用再来拜访我，因为有四十三家信封公司的老板曾拜访过我很多次。所以，迈克先生，我建议你不要浪费时间。”

但迈克先生没有放弃，他有的是办法，独特的方法就是永远先为别人的利益着想。有一次，他发现这家公司采购经理的儿子很喜欢打冰上曲棍球，他又知道他儿子崇拜的偶像是洛杉矶一个退休的全世界最伟大的球星。后来，他发现这个经理的儿子出车祸住在医院，这时，迈克觉得机会来了，他去买了一根曲棍球杆让球星签名送给这个人的儿子。他来到医院，孩子的父亲还没有到医院，他的儿子问他是谁，他说他是迈克，是给他送礼物的。他问为什么给他送礼物？他说因为他知道他喜欢曲棍球，也崇拜这个球星，这是一根球星亲自签名的曲棍球杆。不可思议，这个小孩兴奋得脚也不疼了，要下床来。

结果，他的父亲来医院发现他的儿子整个人都变了，本来垂头丧气，面无表情，现在很兴奋。他问儿子怎么回事，儿子说刚才有一个叫迈克的人送给他一根曲棍球杆，还有球星签名。

结果可想而知，这个采购经理和迈克签了四百万美元的定单。信封本来是很便宜的东西，由于这件事他竟下了这么大的定单。

显然，成功有不同的方法，有不同的思维模式。世界上没有卖不掉的产品，只有不会卖的人，关键看你会不会转变一下思维，先想想别人，想想周围的环境捕捉信息，促成事业朝着好的方向发展。

6. 学会真诚待人

真诚，是健康人格的一个重要范畴，它是一个外在行为和内在素质的有机统一体，是一个人立身处世的根本要求和根本原则。

许多人都具有双重的人格，总是利用面具来掩藏内我。虽然面具有保护自我的功能，但在任何场合都戴上面具而且迅速更换面具，给人的印象是什么呢？缺乏真诚，觉得冷漠、麻木、欺骗、深不可测、不可信赖、很有城府……人与人之间横亘着巨大的“沙漠”，妨碍健康的人际关系的建立，封闭自我从外界获取信息的途径。而真诚则如人与人之间的桥梁，跨越面具的障碍，进行顺畅的人际交往。正如一句话所说的：“你用真诚去面对每一个人，所有的心都会撤去岗哨。心和心是有感觉的，真挚、赤爱、坦诚，将在心的世界里长驱直入，一往无前，当你走通了所有的心途时，一切理性的箴言，都将被你重新润色，你是世界完美、善良的闪光点。”

真诚并不仅仅指通常意义上的不欺瞒，它包含着十分丰富的内容。一位社会心理学学者认为，真诚可以抽象概括为三种力量：道德力量、意志力量和智慧力量。那么，它具体的内容是什么呢？实现的技巧又是怎样的呢？

（1）讲真话是真诚的一个重要内容。

香港特别行政区首任行政长官董建华，作为一个实业家，在生意场上曾经有过很大的起落，但是他和员工在特别困难的时候，坚持了两年，终于使公司获得生机。记者曾在采访时问道：“你成功的关键是什么？”他回答：“一是信心，二是恒心，三就是要诚实、说真话，让人觉得你是最值得信赖的。”诚实是一个人成功的潜在力量，它就像一块无形的磁石，会把众多的人吸引到你身边。这种力量具有强劲的生命力，是一个人事业成功的坚实基础。

（2）信用也是真诚的重要内容。

中国是礼仪之邦，在这方面的格言很多，如“一诺千金”“言必行、行必果”等，其意思就是做人要重诺言、守信用。

日本前首相田中角荣是很守时的人，他的格言就是“不浪费一分钟时间”。他年轻时一次和女朋友约会，但到约定的时间女朋友还没有来，于是田中角荣对自己说，再等半个小时。当这半小时即将结束的时候，才看见他的女朋友远远地从街头走过来。但到半个小时满时，他的女朋友还没走近，他转身就走了。这件事的后果是可想而知的。但他凭着重诺言、守信用赢得了好名声，获得国民的好评，最终登上首相的宝座，并且在政坛上有很大的建树。信用也是一种力量。谁愿意和不守信用的人共事呢？又有谁会信赖没有信用的人呢？

一个守信用的人，他的自我是坚定的、稳固的、纯真的，体现了一种理想人格的道德力量和意志力量，这种力量会令许多人由于钦佩而走到他的身边来。

中国有一篇有名的寓言故事，讲的是一个叫尾生的人一日相约其情人在桥下面相会，但就在情人来到之前，河里的大水突然涨起来，为了不失信，尾生一直不肯离去，最后抱着桥柱淹死了。虽然这则寓言故事有道德教化的意味，但却能使人体会到由真诚而升华到崇高的道德境界。

罗马不是一日建成的，信用也一样，一个人只有依靠平时渐进的积累和努力，从每一件所谓的小事上体现自己守信用的做人原则，才能真正树立起守信用的声誉。一个人守一次、两次信用并不难，难的是一生守信用。守信用不仅仅是个人道德素质的高低问题以及切身利益，而且与意志力量和智慧力量有密切的联系。守信用往往还涉及人与人之间的关系问题，人际关系又是比较复杂的问题，因而要运用智慧处理其中的棘手问题。讲信用是道德力量、意志力量和智慧力量的综合实现，缺一不可。

（3）以心换心，坦率对人。

坦率是个词义广泛的名词，但这里所说的坦率，主要指的是对自己要诚实，要坦诚率直如实地展现自己，而不是戴上面具，根据各人的胃口，在各种场合不断更换外在的形象来迷惑别人，不是以一种不真实的形象来自欺欺人。可以这样说，坦率是一种建立在真诚根基上的自尊自重。

莎士比亚在他的不朽名剧《哈姆雷特》中就曾借剧中人物的口说过：“你对自己要诚实，正如白昼过去才有黑夜一样，对自己要诚实，才不会对任何人欺诈。”林肯在当总统期间，在一次舞会上邀请一名著名的女舞蹈家共舞，林肯说：“我想邀请你跳一曲舞，但我跳得不好！”舞曲结束之后，那位女舞蹈家幽默地说：“跳得的确不好！”这只是林肯的一个小笑话，但却折射出林肯总统高尚的人格力量。

坦率不仅要靠个人的道德力量，而且也需要意志的力量。特别是在某些公开场合要承认自己在某方面的欠缺和不足，确实需要有坚强的意志，对每一个人来说也许都不是一种轻松的考验。例如，当你正和一些爱好文学的朋友侃侃而谈时，如果突然有人问起你对某位正在走红的作家的看法，而你却恰恰没读过这位作家的作品。此时如果你担心承认自己不懂会受人嘲笑，于是不懂装懂或设法搪塞回避时，其结果只能显得你这个人虚伪。而你如果以坦率的态度明白地承认自己没有读过有关作品，并且热切希望得到朋友们的指教。这样不仅不会损害你的自尊心，而且朋友们也会为你的坦率而感到你是一个真诚的人。

（4）真诚同时还包含着智慧的内容。

一般地说，智慧力量较强的人，能够使自己行为的目标明确，也就是为了有效地达到真诚的境界，能明确地对自己提出各种达到这一境界的途径和方法。对于如何使别人感到你是一个真诚的人，除了上述提及的内容之外，不少社会心理学家还提出过各自的建议，大致有以下几方面的内容：注意体谅他人，善于设身处地地替别人着想；发现和承认别人的价值和长处，不要轻视而应该重视他人；正确地估价自己，在为人处世上，不要采取以自我为核心的态度；对别人的困难和不幸表示同情，并尽力予以帮助……

要想真正做到真诚，就必须以平等、高尚、理解的心态来看待一切人和事。真诚自从人类诞生以来就一直伴随着我们，但更多的时候却被人格面具所遮掩。每个人都贡献你的真诚吧！它不仅可以净化你的人格，而且会给你向上的力量，从而充分表现和发挥你的价值。

知识链接

你用真诚去面对每一个人，所有的心都会撤去岗哨。心和心是有感觉的，真挚、赤爱、坦诚，将在心的世界里长驱直入，一往无前，当你走通了所有的心途时，一切理性的箴言，都将被你重新润色，你是世界完美、善良的闪光点。

你对自己要诚实，正如白昼过去才有黑夜一样，对自己要诚实，才不会对任何人欺诈。

7. 诚实之人不可欺

人生中，无论做什么事都要抱着一种求真的态度。我们往往追求代表真实的人和事物，因为它代表着最崇高的美德——诚实与正直。

美国著名的行为科学家丹尼斯·韦特莱博士说：所谓“因果定律法则”，无非是一个人的诚实与否，经过一段时间后所显示出来的结果。一个人不能诚实地面对自己，就无法真正拥有成功。用蜡塑成的人或房子，在某些情况下会融化。内心不诚挚的人，最终必将显露真面目。诚实是财富，诚实是最宝贵的财富，诚实是人的良好意愿和人的尊严方面的财富。在这方面进行投资的人虽然不能在世俗的物质方面变得富有，但是，他可以从赢得的尊敬荣誉中得到回报。

诚实使一个人保持正直，给他以成功的力量和耐力，并且，诚实也是一个人精力充沛的主要动力。本杰明·鲁亚德说过：“没有谁必须要成为富人或成为伟人，也没有谁必须要成为一个聪明的人；但是，每一个人必须要做一个诚实的人。”朱熹说：“君子所具备的本性，虽然大行却不添上没有的东西，虽然贫困却不损伤自己。”所以能得到本性真性，又何必去增添损失呢？朱熹又说：“正因为他的良心发现他的微妙之处，猛然觉醒提示，使自己的良心不糊涂，便是人修行的本事。本事有了，自然不学而能上达。如果不观察良心发现处，渺渺茫茫，终究难有下手的地方。”

这个良心发现的地方，便是内在本性，即善的真性情流露之处。这个觉醒猛然提示，能唤起并扩充它，便是圣人所说的“发挥本性”的功夫。所以《中庸》中说：“只有天下最真诚的人，才能充分发挥天赋的本性；能充分发挥天赋的本性，就能充分发挥天下众人的本性；能充分发挥天下众人的本性，就能充分发挥万物的本性；能充分发挥万物的本性，就能赞助天地养育万物；能赞助天地养育万物，就能与天地并立了。”真正达到“物我一体”“天人合一”的修养方法，都包含在发挥本性里面。

发挥本性的真，就能发挥天地万物人我的真；发挥本性的善，就能发挥天地万物人我的善；发挥本性的美，就能发挥天地万物人我的美。这一切都应归功于本性的诚实。所以孟子说："孔夫子如同天地。"只要做到诚实，不仅孔夫子如同天地，人人都能如同天地。

一个人要获得成功，他就必须坚持不懈地追求诚实。一个人失去了诚实的品格，就会像一艘在大海中失去了方向的大船，随风飘荡，任意东西；一个人失去了诚实的品格，他就会成为一个没有法律、没有规则、没有秩序的人。

诚实作为人性中第一美德，懂的人多，做的人却极少。有些人喜欢用诚实来装饰外表，而内心总在欺骗别人。表里不一的人，虽能取巧于一时，终究难行久远，难成大器。所以古人说："人可欺，心不可欺。心可欺，天不可欺。"纵然能瞒天过海，只能是"一世可欺，而万世不可欺"。

诚可感天，诚能感人，所以程颐说："用诚实来感动别人，别人也会用诚实来回报你；用权术来驾驭别人，别人也会用权术来对待你。"这就是说：你用什么办法来对待别人，别人也会用什么方法来对待你。程颐又说："人类的错误在于滥用智谋，滥用权术。智谋和权术虽然是好东西，但都是不诚实的表现。"曾国藩曾经有所感慨地说："天地之所以运行，国家之所以建立，圣贤之所以高大，都是用诚实来体现的。"诚实就是最真，最真能达到最美，最美能达到最善。

曾有人提出过这样一个问题："如果你在人行横道上发现一个装满现金并夹着身份证的钱包，你会怎么办呢？"他听到了千奇百怪的回答，有人回答说："我要看看钱包里的现金有多少？"有人回答说："我会把钱留下来，把钱包扔掉。"有人回答说："我会先把钱存起来，然后发布一个招领广告，如果没人前来认领，我就会把钱花掉。"

听了这些回答后，你满意吗？按照诚实的规则，这些答案都是错误的，这些做法也是不道德的。相信每一位诚实的人，他在人行横道上捡到了一个装满现金的钱包，他会根据钱包里面的身份证和失主联系，然后原封不动地把钱包和现金如数奉上。除了接受一声"谢谢您"之外，不会接受任何报酬。

《说苑》中说："巧诈不如拙诚"，巧妙的假话一流入人的智慧里，怎么能战胜得了天理？所以胡林翼说："诚信的最好道理，能够挽救人走出欺诈的极端。

一个人能欺骗一件事，不能欺骗所有的事；能欺骗一人，不能欺骗所有的人；能欺骗一时，却不能欺骗万代。”说得多么透彻！

曾国藩曾经说：“勤能医治懒惰，慎能医治骄傲。在这两个字的前面，必须有个诚来立足根本。立志要把这事懂得透彻，辨得明白，专心诚意去做，就是坚于磐石的难事也能做到，鬼神也会避让，这就在于自己的诚意了。除尽自己的私心，对待什么事都能推心置腹，让人们都明白无疑，这是待人接物的诚实。以诚字为根本，以勤率为实用，大概可以免除罪过吧。”

知识链接

一个人失去了诚实的品格，就会像一艘在大海中失去了方向的大船，随风飘荡，任意东西；一个人失去了诚实的品格，他就会成为一个没有法律、没有规则、没有秩序的人。

勤能医治懒惰，慎能医治骄傲。

第八章
学会给人以爱

1. 爱，人生的主题

在生活当中，也许你常常没时间注意你所说的话。可你知道吗，也许就因为你的一句话，或者给人以生活的信心，或者让人感到痛苦绝望。下面的两则故事就分别说明了上述的两种情况存在的现实性。

“我不该那样说他的。”丽痛苦地说，她没想到自己并不太在意的一句话就葬送了丈夫年轻的生命。

那天，丽的丈夫下班回来，沮丧地对丽说他下岗了。丽一听就感到很窝火，脱口骂道：“去死吧你，你看看家里这些东西，哪样不是我挣回来的？现在倒好，你连人都要老娘养活，你还算不算个男子汉。”丽的丈夫没有说话，是的，他没有说的，房子是岳父让给他们住的，家里的所有东西，都是在外资企业上班的丽挣的，自己有什么可说的呢。

丽骂过丈夫后，也没太放在心上，只是寻思着如何给丈夫再找个工作。没想到第二天起床后居然不见了丈夫，不久就有邻居张皇失措跑来告诉丽她丈夫的噩耗。丽的丈夫是在半夜出门去喝酒回来时被车撞死的。本来丽的丈夫平时并不喝酒，那天心情不好，再加上丽的一顿数落，觉得窝囊极了。他躺在床上翻来覆去睡不着觉，就想一个人出去走走，鬼使神差地进了酒馆，不知不觉就喝醉了，摇摇晃晃地在回来时不小心撞到了飞驰过来的汽车上……

丽的丈夫的死，也许不能全怪丽，至少主要责任不在丽。但如果她听了丈夫的话后能好好地安慰他一番，而不是对他加以无情的奚落，也许她的丈夫就不至于太压抑，也就不至于要出去借酒浇愁。

下面再让我们来看另一个例子：

玛丽是个善良的小女孩，然而上天似乎故意和她开了个玩笑，玛丽先天残疾。渐知人事后，玛丽从同学们的眼神中清楚地知道了自己的模样——一个缺唇、畸鼻、歪牙、说话不清的小女孩。她对自己与别人的差别非常愤恨，她一直以为除了家人，没有人会爱她，甚至谈不上喜欢。直到她到列奥娜德太太任教的班上读书时，有件事情改变了这一切。

那是在学校举行的每年一度的听力测验上。学校要求学生用手蒙住一只耳朵并复述站在一定距离之外的老师的轻轻说话声。根据以往的经验，玛丽猜测老师会说“天蓝蓝”或者“你穿着新鞋子吗”之类的话。

然而，列奥娜德太太是这样说的：“我愿你是我的女儿。”

任何语言都不能像这句话一样，在玛丽的心灵上产生这么巨大的震撼。正如玛丽自己后来所说的，那几个字改变了她的一生。

平平淡淡的生活中的两句并不出众的话，却分别改变了两个人的不同人生，一句话充满轻蔑和挑衅，一句话则充满了温暖和爱心。因而产生了两种截然不同的结果。可见。爱在一个人的一生中有着多么重要的作用。

“爱”这个人世间的主题，自从有了人类以来，便一直在这个世界上回荡，并且在文学史上被称为“永恒的主题”。然而，尽管“爱”这个词不绝于耳，但我们对它的真正含义的理解却可能各不相同。前面故事中的丽，她并不是不爱她的丈夫，更不可能希望她丈夫去死，而她的话却实实在在起到了促使其丈夫去死的作用。相反，列奥娜德太太赠予玛丽的，则不仅仅是几个字，而是一种体察入微、一视同仁的爱的凝聚。它是真诚的，也是无价的。通过对它的阅读，给我们一种启示：爱，是一种给予。就像弗洛姆在《爱的艺术》一书中所阐述的：“给予自己的生命力，给予自己的爱的能力，亦即以自己的生命力去激发对方的生命力；以自己的全身心的爱的能力去引发另一个人的爱的能力。”

爱的本质是主动地给予，而不是被动地接受。而这种给予又必须是完全无私的，不索取任何回报的。但是生活当中，爱的回报也是经常存在的，它不像生意场上的交易那般直露，而是默默的，悄无声息的。

前不久看到这样一则故事。一位年轻的女士有一段时间天天往医院里送花，从不间断。有人推测她的某个家人生病住院了，于是就有朋友打电话给她。

“噢，不，我没有亲人住院。”原来事情是这样的，前不久女士的母亲住院时，心情十分沮丧，那时候，天天有一位小姑娘给她母亲送花，并在花中夹一纸条：“祝您早日康复。”她母亲在小姑娘的努力下，心情很高兴，积极地接受医生的治疗，很快就病好出院了。那位女士很感激小女孩，便问她那样做的原因，没想到又引出几个同样的故事，就如那个绕口令般的“从前，山上有座庙……”

如果说，允许“爱”有回报的话，这大概就是人们所期望的，它在社会上形成人关心人的周而复始的关系链。也只有这种回报，才足以表达人们对“爱”，对别人给予的感激之情；也只有这样回报，才更能体现“爱”的无私，“爱”的伟大魅力。

正如我们体会到的，爱的力量是巨大的，它给人以希望，让人感受到生活的价值。每个人都可以从这无私的奉献、给予中获得至高的精神享受。

那么，怎样才能学会给人以爱呢?

（1）创造气氛。

温暖、欢快、慈爱的气氛是培植爱的肥沃土壤。

小青高考落榜了，心情一直很压抑。父亲觉得小青应该重新振作起来。于是他想了个办法。他让小青的哥哥去买了几盘鼓舞人们斗志的欢快激昂的磁带回来，并有意识地经常播放，放到让人欢腾鼓舞的地方，小青的爸爸就会随着磁带精神抖擞地唱起来，很快，家里其他人都参加进来。刚开始，小青对这种吵闹非常不满，尤其是父亲那苍老而沙哑的声音特别让她难受。但她很快明白了父亲的良苦用心，当歌声再度响起时，小青也很快地参加了进来。从此，小青从失败的痛苦中振作起来，勇敢地面对新的挑战。

（2）不吝啬时间去培植。

要加强理解和增进感情，必要的团聚和交流是不可或缺的，而忙碌的现代人却常常抽不出时间来做到这一点。朋友之间常用“我近来很忙，找个时间一定得聚一聚”这类虚假的承诺彼此推脱，甚至丈夫与妻子、父母与孩子也常常各自为政，很少在一起共叙天伦之乐。

有这么一对父子，儿子刚大学毕业。一天他看见父亲从一条拥挤的大街上走来，那张熟悉的脸上流露出的寂寞感深深地打动了儿子，他觉得他有必要和父亲一起谈谈心了。于是，他邀请父亲和他一起旅游消夏。

父亲冒着生意受损的风险与儿子一同上路了。整整一个夏天，他们一同露宿，一同步行，一同游览各地风光，一同坐在海边观景。最后，父子都感到这两个月来他们获得的爱比以前任何时候都多，为这而花费一段时间是十分值得的。

（3）表露真情。

在我们与他人进行情感交流时，可以有许多种方法，但至关重要的是接受爱意并且表达感情。掩饰和压抑真情，别人无从感受到我们的爱，而我们自己也无从体会到表达出爱的情感时的愉快。

阿平的父母十分爱他这个独子，但他们担心“翅膀硬了”的阿平远走高飞丢下他们不管，阿平体会到父母的这种感情，就经常向父母介绍他的打算，并且不失时机地表达一下他不会丢下父母不管，尽管连阿平自己对自己的承诺是否能兑现都持怀疑态度，但是每每看到父母在听到自己的承诺后的幸福表情，他都觉得心情也似乎跟着愉快起来。

表达心中的情感除了用语言外，身体的接触也是一种方式，夫妻之间，父母与孩子之间，好友之间，拥抱、爱抚等方法也是表达爱意的一种热情的方式。

（4）信任和尊重他人。

信任是爱的基础。许多恋人或夫妻因为道听途说、捕风捉影而指责对方的过失，结果分手离异，就是缺少信任的缘故。尊重，既要尊重他人，又要尊重自己，生活中许多有价值的东西正是通过我们的尊重而得以保持的，爱也是如此。

知识链接

爱的本质是主动地给予，而不是被动地接受。而这种给予又必须是完全无私的，不索取任何回报的。

2. 生命的意义在爱人

生命的目的在爱人。人的一生到底拥有多少成功和快乐，这要取决于我们到底付出了多少爱，又有多少人在爱着我们。

为人最博大的自由是爱，为人最富有的财产也是爱。爱的成就无限宽广，因为它能到达一切才智难以到达的心灵彼岸。

美国几所医院做了些实验，把新生婴儿分成两组。第一组每天都抱起来抚摸3次，每次10分钟；第二组完全不抚摸。结果，第一组体重增加的速度是第二组的两倍。这种治疗法有一个医学专有名词，但是我们只需要一个字就可以涵盖它，那就是“爱”。如果没有爱，婴儿长得不健康；没有爱，大人也一样痛苦。

以下是一个真实的故事。

美国一位大学教授和他的学生来到黑人贫民窟搞调查研究，其中有一个课题是预测该地区的250名黑人孩子将来的前途。学生们认真地做着报告，几天后，这份报告的结果出来了，但它令教授忧心忡忡。学生们在报告中预测，这250名黑人孩子将来无所作为，只能成为社会的负担。

30年后，教授去世了，他的一位同事从他的档案中发现了当年的那份报告。这位同事在好奇心的驱使下，来到了当年的黑人贫民窟。他看到，事实并没有报告的结论那么令人沮丧，相反，这里发生的一切让这位同事佩服得五体投地。原来调查的250名黑人孩子中，除了18人离开故土，无最新消息外，其余的232人都成就斐然，他们当中有的人成为银行家，有的人成为大律师，有的人成为企业家，有的人成为著名影星。

教授的同事逐个采访了这232人，追问他们何以能成功？这些人说得最多的是："应该感谢我们的小学教师。"同事费尽周折找到了那位小学教师，此时，她已是白发苍苍的老人，说话不太清楚，可是有一句话同事能听懂："I love these children（我爱这些孩子）。"

这个故事让人想到了英国伟大的诗人罗杰斯生前和朋友们谈得最多的一个话题。一个女孩子人见人爱，有人问她："为什么大家都这么喜欢你？"小女孩天真地说："我猜，大概是我爱每一个人的缘故吧。"

爱人者，人恒爱之；敬人者，人恒敬之。爱是一种活动的情感，不是静止的物体。爱是我们生活中一种很特殊的经验，要想拥有它，最佳办法是把它施舍给别人。诚如法国哲学家所说："我们每个人都有很多的同情、很多的爱心，比维持我们生存所需要的多得多，我们应该把它施舍给别人，这就是生命开花。"

知识链接

为人最博大的自由是爱，为人最富有的财产也是爱。爱的成就无限宽广，因为它能到达一切才智难以到达的心灵彼岸。

3. 仁慈铺平人生的路

出家人非常强调普度众生的仁慈之心。下面的这个故事，经常被用来启示刚刚入门的小和尚：

一次，鲁国国君孟孙带随从进山打猎，臣子秦西巴跟随左右。打猎途中，孟孙活捉了一只可爱的小鹿，他非常高兴，便下令让秦西巴先把小鹿送回宫中，以供日后玩赏。

秦西巴在回宫的路上，突然发现一只大鹿紧跟在后，不停地哀号。那只大鹿一号叫，这里小鹿便应和，那叫声十分凄惨。秦西巴明白了，这是一对母子，他觉得心中实在不忍，于是便把小鹿放在地上。那母鹿不顾秦西巴站在旁边对自己有什么危险，一下冲到小鹿身边，舔了舔小鹿的嘴，两只鹿便撒腿跑进林子里，眨眼就看不见了。

孟孙打猎归来，秦西巴对他说放走了小鹿，孟孙一下子火冒三丈，打猎回来的余兴一下子全没有了，他气得将秦西巴赶出宫门。

过了一年，孟孙的儿子到了念书的年龄，孟孙要为儿子找一位好老师。

许多臣子都来向孟孙推荐老师，孟孙一一接见这些人，但他总觉得不是十分满意。正当孟孙闷闷不乐的时候，他突然想起了一年前被自己赶出宫去的秦西巴，心中豁然开朗，立即命人去寻找秦西巴，并把他请回宫来，拜他为太子老师。

左右臣下对孟孙的做法很不理解，他们问道：“秦西巴当年自作主张，放走了大王所钟爱的鹿，他对您是有罪的，您现在反而请他来做太子的老师，这是为什么呢？”

孟孙笑了笑说：“秦西巴不但学问好，更有一颗仁慈的心。他对一只小鹿都生怜悯之心，宁可自己获罪也不愿伤害动物的母子之情，现在请他做太子的老师，我可以放心了。”

秦西巴的仁慈之心，终于被国君理解。

古代的志士仁人常常奉行“修身岂为名传世，做事唯思利及人”的人生哲学。一个充满爱心、同情和关爱别人的人，实际上是在不知不觉中为自己铺平了人生的道路，拓展了生存的空间。

知识链接

修身岂为名传世，做事唯思利及人。

4. 爱是人类的美德

有一个孩子，是天生的残疾人，他走路的时候需要用两支拐杖支撑着身体。他每天上学的时候，都会受到那些坏孩子的嘲笑、欺负，于是，他变得冷漠、孤独。

有一天，他的父亲在雪地里捡回一只快要冻死的小狗，小狗趴在他的脚边，瑟瑟发抖。孩子不喜欢这只脏兮兮的小狗，他用拐杖把小狗赶了出去，小狗没有地方可去，就趴在门外哀伤地嚎叫。

父亲听到了小狗的叫声，就知道发生了什么事。于是，他来到孩子的房里，与他攀谈起来。当得知孩子经常在学校里被人欺负的时候，他说：“那些孩子为什么欺负你？”

孩子说：“因为我的腿有残疾，我打不过他们，所以他们才敢欺负我。”

父亲说：“他们很强，你却很弱，所以他们才能欺负你。可是现在，你很强，小狗很弱，你为什么不同情它呢？”

孩子听了父亲的话，他低下了头，眼里含着泪水，过了一会儿，父亲看见孩子把小狗抱了回来，把它放在火炉旁边，孩子亲昵地抚摸着小狗，小狗用舌头舔着孩子的小手。

后来这个孩子成了一位著名的医生，受到了人们的尊敬和爱戴。

当他晚年的时候，他对他的孩子讲述了这个故事，他说，是那只小狗使他看到了爱的力量，是他的父亲教他学会了人一生中最可宝贵的本能——那就是人类爱的美德。爱是人类的美德，如果人间没有了爱，那注定是死寂的和没有活力的世界，这样的世界我们很难去想象，也很难生存。爱是人类的阳光，沐浴在爱的阳光里，我们就可以把冷漠变成亲切，把仇恨变成宽容。

5. 爱是成功和财富的源泉

一位妇人走到屋外，看见前院坐着三位长着又长又白胡须的老人。虽然她并不认识他们，但是依然十分友好地对他们说："我想也许我们并不熟悉，但是我想你们应该很饿了，请进来吃点东西吧。""家里的男主人在吗？"老人们问。"不在，"妇人说，"他出去了。""那我们不能进去。"老人们回答说。

傍晚丈夫回到家里，妇人将事情的经过告诉了他。丈夫说："告诉他们我在家里了，请他们进来吧！"于是，妇人将三位老人请进屋内。

"我们不可以一起进一个房屋。"老人们说。

"为什么呢？"妇人感到迷惑不解。

其中一位老人指着他的一位朋友说："他的名字是财富。"然后又指着另外一位说，"他是成功。而我是爱。你现在进去和你丈夫商量一下，要我们其中的哪一位到你们的家里。"

妇人进去告诉了丈夫。丈夫非常兴奋地说："那赶快邀请财富进来！"

妇人却表示不同的意见："亲爱的，为什么不邀请成功进来呢？"

他们的儿媳妇在屋内的另一个角落聆听他们谈话，并提出自己的意见："我想应该先邀请爱进来。"

思考了一下，丈夫对妇人说："就照儿媳妇的意见吧！"于是，妇人又来到屋外，问道："请问哪位是爱？"爱起身朝屋子走去。另外二者也跟着他一起进入屋内。

生活中，有很多人热衷于财富的追求，也有很多人迷恋于功名的获取。其实，这也无可厚非，因为生活本身就很难挣脱功名利禄的束缚。关键是我们要时刻富有一颗爱心，生活必需物品的获取不能以损害他人为前提。只要我们拥有爱，并付出持续不断的努力，成功和财富迟早都会与我们相遇。

6. 对人心存感激而非抱怨

在日常生活中，常有父母抱怨孩子们不听话，孩子们抱怨父母不理解他们，男朋友抱怨女朋友不够温柔，女孩子抱怨男孩子不够体贴。在工作中，也常出现领导埋怨下级工作不得力，而下级埋怨上级不够理解，不能发挥自己的才能。总之，对生活永远是一种抱怨，而不是一种感激。

有这么一句话：“如果你常流泪，你就看不见星光。”很多人，对现在所拥有的一切，不觉得珍惜。小王是从国内出去的一个留学生，他给家里人写信说：“你们知道吗，当我到欧洲的时候，我多向往北京的太阳啊！”家里人不解：“北京的太阳？欧洲没有太阳吗？”他说：“我住在伦敦，那里的天气经常是阴沉沉的，有的时候接连几天，甚至一个星期都见不到太阳。我的心情好郁闷，好压抑啊！这个时候，我就怀念我走在北京的大街上，阳光普照大地，有一种说不出的舒畅。”对大自然中美好的东西，我们也常疏忽了感激，总是不满。我们拥有父母的爱、朋友的关怀以及美好的事物，可是我们不知道去珍惜，还总是去抱怨，这就是因为我们没有心存感激。像许多年轻朋友，很不容易考上大学，有机会接受高等教育，这实在是非常难得的机会。固然还有很多不能令人满意的事情，但这在任何社会中，都同样存在着，如果你内心存有一种感激的心情，你就会很珍惜这些东西，你也就会尽可能地去利用这些条件。

在日本藤泽市，有个妇人名叫佐伦敦子。她十几岁时，很渴望到美国去。对于美国的生活，她所知道的大部分是从教科书上读到的。

后来，敦子终于如愿以偿，到美国加州去读大学。可是，她到达美国以后，发现那个国家和她想象中的美好世界完全不一样。“人人都在竭力追求和向往心中的理想，似乎常常都精神紧张，”她说，“理想和现实差距很大。”

各学科之中，她觉得体育最难应付。“我们打排球，”她说，“其他同学都打得很好，就我不行。”

有天下午，教练指定由敦子负责把球传给队友扣杀过网。对大多数人来说，这没什么困难，但是敦子很惊慌。她怕自己会做不好，受人讪笑。

有个男同学察觉到她心里害怕，便走到她面前，轻声说：“放心。你应付得了的。”

“这句鼓励给我的感受，你是永远都不会了解的。只是区区几个字：‘你应付得了的。’我真是开心得想哭。”

她在那一节课终于过了关。六年后，敦子二十七岁，回到日本去做售货员。她说：“我始终没有忘记那几个字。每逢遇到困难，我就会想起它们。”

敦子如今在日本常东奔西走。可是，她仍经常记起“你应付得了的”这句简单的话，她一直对这个男同学心存感激，因为这句话对她来说，实在是太重要了。

是的，有时候，连最简单的话也会产生极深远的影响。有这么一句话：“一个女孩因为她没有鞋子而哭泣，直到她看见了一个没有脚的人。”世间很多事情，常常是我们没有珍惜身边所拥有的，而当失去它时，才又悔恨。

感激不是天生就有的，它是培养出来的，许多人从未真正感觉到它。由于我

们只注意我们需要什么，很少注意这些东西是从哪儿来的。如果你要拥有美好的生活，就应培养感恩的心。

一次，古罗马众神决定举行一次欢迎会，邀请全体美德神参加。真、善、美、诚以及各大小美德神都应邀出席，他们和睦相处，友好地谈论着，玩得很痛快。

但是主神朱庇特注意到有两位客人互相回避，不肯接近。主神向信使神秘库瑞述说了这一情况，要他去看看这是什么问题。信使神将这两位客人带到一起，并给他们介绍起来。

“你们两位以前从未见过面吗？”信使神说。

“没有，从来没有。”一位客人说，“我叫慷慨。”

“久仰，久仰！”另一位客人说，“我叫感恩。”

正如这个故事揭示的：生活中慷慨的行为总是难以得到真诚的感恩。事实上，我们每个人每天的生活都有他人的奉献，只是很少有人会想到这一点。

世界上最大的悲剧是一个人大言不惭地说：“没人给过我任何东西！”这种人不论是穷人或富人，他的灵魂一定是贫乏的。

有些人对恩义感觉迟钝，对怨恨却十分敏感。这类不知感恩喜欢怨天尤人的人，必定会走厄运，而且感觉人生充满不幸。这类人对别人的要求特别高，喜欢用自己的思维模式来规范他人，结果往往成为不受欢迎的人物。整天抱怨他人，却不知好好检讨自己。

这种人有时会因有人庇佑，而威风一时。不过由于此类人多半专横、自私，只知从别人身上得到好处，却不知回馈，而不受欢迎。短视近利的后果，往往令帮助他的人感到失望，不再给予支持。这类人多半自以为是，从不考虑自己的责任，老是认为别人在算计他，对他不怀好意，想要陷害他。

消极的心态会使这类人离开对他有利的人，而和同类型的人在一起，然后逐渐深陷其中而无法自拔。

对于曾经帮助过我们的人表达感激是一种习惯，很遗憾，中国人对这样的方式在长久以来都是不太习惯的。我们很含蓄地搁在心底。用时间来酝酿醉人的醇酒，一旦开了瓶，人情与酒香将成为最佳的咏叹调！

凡事开头难，尤其是习惯的创造，但是尝试做一次、两次……你会发现其实并不会太难，难的是你是否愿意付诸行动，让人生不再遗憾。

一个坚强、有自尊心的人，当他意识到上天的赐予有多丰厚时，他会真正地谦卑起来。他感激别人对他的生活所作的贡献，当一个人记起了信心、梦想和希望是促使他生活下去的原因时，他就会越伟大却越谦卑。任何人以自己的成功为荣时，都应该想起他从先人处接受的东西有多少。

知识链接

感激不是天生就有的，它是培养出来的，许多人从未真正感觉到它。由于我们只注意我们需要什么，很少注意这些东西是从哪儿来的。如果你要拥有美好的生活，就应培养感恩的心。

7. 放下抱怨，爱父母吧

故事发生在奥地利。罗莎琳是一个性格孤僻、胆小羞涩的13岁少女。很小的时候她的父亲就去世了。母亲索菲娜在一家清洁公司工作，靠微薄的薪金把罗莎琳一手抚养大。因为家境贫困，罗莎琳常常受到别人的歧视和欺侮，这些都给她幼小的心灵投下了浓重的阴影。久而久之，她对母亲开始心生怨恨，认为正是母亲的卑微才使她遭受如此多的苦难。

2002 年 2 月下旬的一天，索菲娜由于工作出色而被允许休假一周。为了缓和母女之间的关系，索菲娜决定带女儿去阿尔卑斯山滑雪。但不幸降临了，她们在雪地里迷了路，对雪地环境缺乏经验的母女俩惊慌失措。她们一边滑雪一边大声呼救，不想，呼喊声引起了一连串的雪崩，大雪把母女俩埋了起来。出于求生的本能，母女俩不停地刨着雪，历经艰辛终于爬出了厚厚的雪堆。母女俩挽着手在雪地里漫无目的地寻找着回家的路。

突然，索菲娜看见了救援的直升机，但由于母女俩穿的都是与雪的颜色相近的银灰色羽绒服，救援人员并没有发现她们。

当罗莎琳醒来时，发现自己正躺在医院的床上，而母亲索菲娜却不幸去世了。医生告诉罗莎琳，真正救她的是她的母亲。索菲娜用岩石片割断了自己的动脉，然后在血迹中爬出了十几米的距离，目的是想让救援的直升机能从空中发现她们的位置，也正是雪地上那道鲜红的长长的血迹引起了救援人员的注意。

人世间最伟大的爱莫过于母爱。母爱是神圣的，是不容置疑的。不要抱怨我们的父母没有为我们做出什么惊天动地的举动，那是因为我们还没有遇到那样的情况。也许我们嫌自己的父母唠叨，那是因为我们没有看到父母的付出，没有深切地体会到他们的爱。如果只有一个生命的机会，那么，普天下所有的父母都会选择给自己的孩子。所以，放下浮躁，放下轻狂，放下抱怨，爱父母吧。并且，等到自己有了孩子的时候，也像父母爱自己一样爱自己的孩子。这才是人类生生不息的真谛所在！

8. 付出你的善行和关爱

有一个穷困的学生，名叫贾楠，为了付学费，他挨家挨户地推销产品。

到了晚上，他感觉很饿，但摸摸口袋发现只剩下了一角钱，想不出能买些什么东西吃。

于是，他下定决心，到下一家时，向对方要碗饭吃。

然而，当一个年轻漂亮的女孩打开房门时，他却完全失去了勇气！

他没敢张口讨饭，只要求喝一杯水。女孩看出来他十分饥饿，于是给他端出一大杯鲜奶来。他不慌不忙地将鲜奶喝下，然后问道："我应付你多少钱啊？"

女孩微笑着回答："你不欠我们一分钱！妈妈告诉我，做善事不求回报。"

于是，贾楠说："那么，我只有由衷地谢谢你们了！"当他离开时，不但觉得自己不再饥饿了，而且感觉身体强壮了不少，对人的信心也增强了许多。他本来是已经陷入绝境，准备放弃一切的！

数年之后，那个年轻女孩病情危急，当地医生都束手无策。

家人无奈，只好将她送到另一个大城市，以便请名医来诊断她罕见的病情。

碰巧，他们找到的是贾医生。

当贾医生听说眼前这个病人来自某某城市时，眼中露出了奇特的神情。

他立刻换上工作服，走进了那个女孩所在的病房。

他一眼就认出了那个女孩。

他立刻回到诊断室，下决心尽最大的努力来挽救她的生命。

从见到女孩的那一刻起，他就一丝不苟地观察她的病情。经过一段时间的不懈努力，他终于让女孩起死回生了，最终战胜了病魔。

医院划价室的人将女孩的账单送到贾医生手中，请他签字。贾医生看了一眼账单，在边上写了一行字，然后请人将单子转送到女孩手中。

女孩不敢打开单子，她觉得，单了上的费用可能是她一辈子都不能还清的。

最后，她还是打开了，账单边上的一行字让她格外注意！

“一杯鲜奶足以付清全部的医药费！贾楠医生。”

眼中噙着感激的泪水，账单握在发抖的手中，她激动地祈祷：“天主啊！感谢您！感谢您的慈爱，借由众人的心和手，不断地在人间传播。”

个善良人生命中最珍贵的那一部分，就是他微小、默默无闻、不为人知、发自仁慈与爱的善行。当我们付出这种善行和关爱时，虽然我们并不渴求有所回报，但说不定在未来的某个瞬间，我们就会得到命运的馈赠。

知识链接

一个善良人生命中最珍贵的那一部分，就是他微小、默默无闻、不为人知、发自仁慈与爱的善行。

9. 真正的爱

一个失去了双亲的小女孩与奶奶相依为命，住在楼上的一间卧室里。一天夜里，房子突然起火了，奶奶在抢救孙女时不幸被火烧死了。大火迅速蔓延，一楼已是一片火海。

邻居已呼叫过火警，无可奈何地站在外面驻足观望，火焰已经封住了所有的进出口。小女孩出现在楼上的一扇窗口，哭喊着救命，人群中传来消息说：消防队员正在扑救另一场火灾，要晚几分钟才能赶来。

突然，一个男人扛着梯子出现了，梯子架到墙上，人钻进火海之中。他再次出现时，手里抱着小女孩。将孩子交给了下面迎接的人群，男人消失在茫茫夜色之中。

调查发现，这孩子在世上已经无亲无故了。几周后，镇政府召开群众集会，商议谁来收养这孩子。

一位教师希望收养这孩子，说她能保证孩子受到良好的教育。一个农夫也想收养这孩子，他说孩子在农场会生活得更加健康惬意。其他人也纷纷发言，述说把孩子交给他们抚养的种种好处。

最后，本镇最富有的居民站起来说话了：“你们提到的所有好处，我都能给她，并且能给她金钱和金钱能够买到的一切东西。”

从始至终，小女孩一直沉默不语，眼睛望着地板。

“还有人要发言吗？”会议主持人问道。这时，一个男人从大厅的后面走上前来。他步履缓慢，似乎在忍受着剧烈的痛苦。他径直来到小女孩的面前，朝她张开了双臂。人群一片哗然。他的手上和胳膊上布满了可怕的伤疤。

孩子叫出声来：“这就是救我的那个人！”她一下子蹦起来，双手紧紧地抱住了男人的脖子，就像她遭难的那天夜里一样。她把脸埋进他的怀里，抽泣了一会儿，然后，她抬起头，朝他笑了。

“现在休会。”会议主持人宣布道……

爱的世界充满了阳光和色彩，我们很难想象如果这个世界没有了爱，将会是多么的可怕。真正的爱，不是给予你多少金银财富，是在你最需要帮助的时候，毫不迟疑地伸出援助之手。即便是冒着重大的危险，富有爱心的人，也敢去做那些弥漫着人性光辉的事情，包括付出自己的生命。

第九章
保持谦虚谨慎

1. 谦逊之人才能日趋圆满

明朝万历年间，明州奉化县出了两个远近闻名的活宝：一个是沿街化缘的布袋和尚，一个是闭关修炼的净瓶居士。他们行为古怪，胡言乱语，但当地人却把他们当作得道高僧。

有一天，一个好事的年轻人出于好奇，决定去拜访他们。他先在一个又脏又臭的巷子里遇到了布袋和尚。那个布袋和尚又矮又胖，像个皮球，随便躺在地上呼呼大睡。

年轻人邀请布袋和尚去吃饭，却让店里的小二端上一堆鸡鸭鱼肉，看布袋和尚怎么办。结果那个布袋和尚双手合十，虔诚地念道："因缘因缘！"拜完之后大吃大喝，毫不避讳，不过他吃每一样都要分出一点扔在布袋里，冲年轻人笑笑。

"这样子也算是得道高僧吗？"年轻人大失所望，又去拜访另外那个净瓶居士，希望他能给自己一点有益的启示。

年轻人到的时候净瓶居士正在家里参禅悟道，他看年轻人来了就一言不发，提起茶壶往供奉的净瓶里倒水，水溢出来还不停手。

"居士，你的净瓶满了，怎么可能倒进茶去呢？"年轻人忍不住提醒他说。

"是吗？"居士继续倒茶，反问道，"那么你呢？"

年轻人恍然大悟，忍不住感叹道："果然是有道高僧！是我当时愚昧了！"

"说来听听？"居士淡淡地问。

"大师是教我做人谦虚、有容乃大，不要骄傲自满，为知识所累；我参悟之后，才发现布袋大师也在教我吸取每天的经验教训，用心琢磨。有了你们教给我的这两个法宝，我就再也不用烦恼了。"做人要谦虚，不要骄傲自满，应该"拿得起，放得下"才行。"有容乃大"，吸取每天的经验教训，用心琢磨，你才能日趋圆满。

2. 富兰克林的启示

不知道你发现没有，那些谦虚而豁达的人总能赢得更多的朋友。他们善于放下自己的架子，虔诚、恭敬地对待身边的每一个人，因而他们也容易成功。反之，那些高看自己、小看别人的人容易失败。他们什么事都爱露一手，仿佛就自己行，对别人不屑一顾，尤其是涉及利益重新分配或调整时，他都采取“当仁不让”的态度，什么都想占，什么都想贪，因而这样的人到最后都受到了人们的鄙视，不受欢迎。

这是怎么回事呢？心理学为此解释说：每个人都希望得到他人的肯定性评价，都在不知不觉地强烈维护着自己的形象和尊严，如果为人处世时过分地显示出高人一等的优越感，那就是在无形之中对对方自尊和自信进行挑战与轻视，对方的排斥心理乃至敌意也就不知不觉地产生了。这也正如希腊一位叫希尔泰的学者所说的：“傲慢始终与相当数量的愚蠢结伴而行。傲慢总是在即将破灭之时，及时出现。傲慢一现，灾祸必至，谋事必败。”所以说，检点个人的言行很重要。

富兰克林年轻时曾去拜访一位德高望重的老前辈。那时他年轻气盛，挺胸抬头迈着大步，一进门，他的头就狠

狠地撞在门框上，疼得他一边不住地用手揉搓，一边看着比他的身子矮了一大截的门。出来迎接他的前辈看到他这副样子，笑笑说："很痛吧！可是，这将是你今天访问我的最大收获。一个人要想平安无事地活在世上，就必须时刻记住：该低头时就低头。这也是我要教你的事情。"

富兰克林把这次拜访得到的教导看成是一生最大的收获，并把它列为一生的生活准则之一。富兰克林从这一准则中受益终生，后来，他功勋卓越，成为一代伟人，他在一次谈话中说："这一启示帮了我的大忙。"

这个故事，也给了我们一大启发：人生要历经许多道门坎，敞开的大门并不完全适合我们正常通行，有时甚至还有人为的障碍，我们可能要不停地碰壁，或伏地而行。如果一味地高姿态，端着架子往前走，到头来不但被拒之门外，遭人拒绝，而且会被撞得头破血流。

学会低头，该低头时就低头，这既是做人的技巧和智慧，也是做人的风度和修养。

3. 做人尽量保持谦逊

应当怎样检点自己的言行呢？这并不是一个好回答的问题。不过有一点可以确定的是，做人要保持谦逊，不能自作聪明，不要以为自己总比别人多一点智慧。巴甫洛夫说："决不要骄傲。因为一骄傲，你们就会在应该同意的场合固执起来；因为一骄傲，你们就会拒绝别人的忠告和友谊的帮助；因为一骄傲，你们就会丧失客观方面的准绳。"

谦逊的目的，并不是使我们觉得自己有多渺小，而是为了更好地了解自己。在我们身边，那些成功的人都是谦逊的人，他们能给自己一个准确的定位。

托马斯·杰斐逊是美国第三任总统。1785 年他曾担任美国驻法大使。一天，他去法国外长的公寓拜访。

"您代替了富兰克林先生？"法国外长问。

“是接替他，没有人能够代替得了富兰克林先生。”杰斐逊谦逊地回答说。

在第二次世界大战中，丘吉尔因为有卓越功勋，战后在他退位时，英国国会打算通过提案，塑造一尊他的铜像放在公园里供游人景仰。一般人享此殊荣，高兴还来不及，丘吉尔却一口拒绝了。他说：“多谢大家的好意，我怕鸟儿在我的铜像上拉粪，那是多么有煞风景啊。所以我看还是免了吧！”

正如高尔基所说：“智慧是宝石，如果用谦逊镶边，就会更灿烂夺目。”杰斐逊、丘吉尔堪称谦逊的典范，从他们的经历得知，谦逊并非自我否定，它是自我肯定，信任我们为人的正直与尊严。谦逊具有平衡作用，不让我们超于自己，也不让我们劣于自己；也不让我们高人一等或屈居人下。谦逊即是宁静，使我们不致受往日失败的拖累，也不致因今日的成功而嚣张。

怎样成为谦逊的人呢？

（1）诚以待己，诚以待人。

（2）了解自己所需，了解他人所需。

（3）保持自我的本色，不必模仿他人。

（4）提高聆听与学习的能力。

（5）建立自我的内在价值感，忠于这份感觉。

（6）经由了解建立心灵的平和，不需小题大做。

（7）寻求新境界、新目标，并且付诸实行。

4. 人生道路上谦让三分

作为人来说，有什么值得骄傲的呢？

孔子说："三人行，必有我师。"耿定向说："我们只要严格对待自己，谦虚对待别人，用一颗欣赏的心去看待别人，你不久就会发现，每一个人都有可取之处，都有值得学习和借鉴的地方。"朱天麟说："做人不应该过于自我依恃。如果每个人都希望自己高高在上，都希望自己比别人稍胜一筹，这个社会就会处处充满竞争，处处充满冷漠。没有一个人的才能在己之上，就没有一个人的才能在己之下。没有一个人的才能在己之下，就没有一个人的才能在己之上。这样，这个社会还有存在的意义吗？"这是一针见血的见解。

吕坤说："气忌盛，心忌满，才忌露。"做人气势切忌太盛，心地切忌自满，才干切忌过分显露。气盛、自满和逞才这三者是息息相关并且循环滋生的。气盛的人大多恃才傲物，逞才的人必定自满自大，自满的人目空一切必然盛气凌人。有这三种毛病的人，不仅在社会上搞不好人际关系，而且易招人忌恨，甚至遭到报复和陷害。老子说，一个人不显露自己，反而能圣明；不自满，反而能是非彰明；不自我夸耀，反而能有功劳；不自高自大，反而能长久。盛气凌人、自满、逞才只会带来许多祸害。

人们对那些目空一切的人总是冠以不文雅的名词。人们称狂妄轻薄的少年为"狂童"，称狂妄无知的人为"狂夫"，称举止轻狂的人为"狂徒"，称自高自大的人为"狂人"，称放荡不羁的人为"狂客"，称狂妄放肆的话为"狂言"，称不拘小节的人为"狂生"，等等。《三国演义》里，有一个祢衡，堪称目空一切的"狂夫"。他第一次见曹操，把曹营中勇不可挡的武将、深谋远虑的谋士，人人贬得一文不值。他贬低起人来，如数家珍，如"荀彧可使吊丧问疾，荀攸可使看坟守墓，程昱可使关门闭户，郭嘉可使白词念赋，张辽可使击鼓鸣金，许褚可使牧牛放马，乐进可使取状读诏，李典可使传书送檄，吕虔可使磨刀铸剑，满宠可使饮酒食槽，于禁可使负版筑墙，徐晃可使屠猪杀狗，曹子孝呼为‘要钱太守’。其余皆是衣架、饭囊、酒桶、肉袋耳。”祢衡称别人是酒囊饭袋，称自己却是“天文地理，无一不通；三教九流，无所不晓；上可以致君为尧、舜，下可以配德于孔、颜。岂与俗子共论乎”！更有甚者，当曹操录用他为鼓更时，祢衡击鼓骂曹，扬长而去。对这种人，曹操自然不肯收留。祢衡又去见刘表、黄祖，依然边走边骂，最后被黄祖砍了脑袋，做了个无头狂鬼。

人们常说：“天不言自高，地不言自厚。”自己有无本事，本事有多大，别人都看得见，心里都有数，不用自吹，更不能狂妄。没有多少人乐意信赖一个言过其实的人，更没有人乐意帮助一个出言不逊的人。

《礼记》上说：“傲不可长，欲不可纵，志不可满，乐不可极。”聂大年说：“短处不能护，护就永远短缺；长处不能持，持就不会长进。”有错处就不能掩饰，掩饰着的错误会越来越大；尊贵千万不可骄傲，骄傲就会失去尊贵；功劳不可盈满，盈满就会亏损。

无论做什么事，都要谦虚一点。卡耐基说：“人生道路上能谦让三分，就能天宽地阔。”朱熹说：“做人要谦虚、恭敬，否则会自取其辱。”曾国藩也说：“君子最大的优点，就是他比别人谦虚。”谦恭自守，必然大得人心；虚下自处，必然受人尊敬。做人做事不因自己有智慧而笑话别人愚蠢，不因自己贤能而瞧不起别人笨拙，不因自己的长处能克制人们的短处而沾沾自喜，就会赢得别人的欢迎。同时因为谦虚，你的心里也能承载大的福禄。

王阳明说：“做人最大的缺点在于骄傲。社会上的种种罪恶，都是因为骄傲而诞生。人一骄傲，就会自高自大，不肯让人。身为儿子的如果骄傲，就不会孝敬长上；身为弟弟的如果骄傲，就不会尊敬兄长；身为臣子的如果骄傲，就不会忠诚办事。”做人不应以财富傲人，不应以学问傲人，不应以权势傲人。以气色傲人固然不应该，以态度傲人也不应该，以言语傲人更不应该。一身傲骨，只能面对卑鄙小人、贪官污吏、鱼肉百姓的混蛋。面对善良的人们，不能心存半点傲气。

做人，要用谦虚对付骄傲，要用空虚对付盈满，要用礼貌对付狂妄。做人拥有一分虚心，就会增加一分谦让；恪守一分礼貌，就会减少一分狂态。

知识链接

做人，要用谦虚对付骄傲，要用空虚对付盈满，要用礼貌对付狂妄。

5. 生活中最重要的是礼貌

人生活在现实社会中，不能独处、不能孤立。人孤立就有危险，不孤立就有交往。君臣之间，父子之间，夫妇之间，长幼之间，四海之内的朋友之间，都有交往。要交往就必须依靠礼来维持。

荀子说："没有礼貌，人就不能生存，事业就不能成功，国家就不能安定。"礼貌待人，是公共生活中人与人之间相互关系的行为准则和道德规范。它能使社会和谐而有秩序，从而维护社会生活的正常进行。

礼貌，既是对他人的尊重，也是对自己的尊重。"来而不往非礼也"，只要求别人尊敬你，你不尊敬别人，这是不礼貌的。

《西游记》中讲述的唐僧，历史上真有其人，他的法名是玄奘。在玄奘的传记中有一段这样的记载："年八岁，父坐于几侧口授孝经。至'曾子避席'忽整襟而起，问其故。对曰：'曾子闻师命避席，吾今奉慈训，岂敢安坐。'父甚说，知其必成。"

这段记载包含两个故事：一是孔子的学生曾子，当老师与他讲话，他马上离座站起来，以表对师长的尊敬；二是玄奘听到父亲讲述"曾子避席"后，也立刻离开座位站起来，表示学习曾子，尊敬父亲。从他们两人的事例，不难看出我国人民讲究礼貌的风习由来已久。

史撂臣说："对待富贵的人，不难有礼，而难于有恩。对待贫贱的人，不难有恩，而难于有礼。"礼，不难于开始，而难于终结；不难于疏远，而难于亲近。

对待任何人，只要以礼待他，对他恭敬有加，恰到好处，他一定不会产生怨恨，久而久之他必然服从你，这就是以礼服人。所以孔子说："恭敬无礼则徒劳，谨慎无礼则畏惧。勇猛无礼则放纵，正直无礼则绞乱。"又说："本身不以礼待人而期望别人以礼待己，本身不以德待人而期望别人以德待己，就是乱。"天玄子说："有礼能服人，能敬人，也能自敬。"柏拉图说："我对待人们无礼，他们就会以耻于人的无礼加于我。"刘伯温说："唯有礼可以限制暴怒，唯有诚可以破除奸诈。"施礼于人的人所以自礼，怠慢于人的人所以自慢。讨厌他人的人所以自恶，尊敬他人的人所以自尊。凡是自己强加于人的东西，人们自然会加到我们身上。

礼是敬重人的东西。荀子认为做人不仅对贤能的人要有礼，而且对不肖的人也要有礼。无逸子说："以礼敬于人，人们就服从你；以礼敬于神，神灵就保佑你；以礼敬于天，上天就会帮助你。"生活中最重要的是有礼貌，它比最高的智慧，比一切学识都重要。

知识链接

以礼敬于人，人们就服从你；以礼敬于神，神灵就保佑你；以礼敬于天，上天就会帮助你。

6. 宜谨慎，戒骄躁

谦虚谨慎是一种美德。古希腊哲学家苏格拉底曾说：谦虚是藏于土中甜美的根，所有崇高的美德由此发芽滋长。《周易》有一句话，曰："劳而不伐'自我夸耀'，有功而不德'自以为有德于人'，厚之至也。"日本著名的企业家松下幸之助在谈人生时用了盲人走路的比喻，他说："盲人的眼睛虽然看不见，却很少受伤，反倒是眼睛好好的人，动不动就跌跤或撞倒东西。这都是自恃眼睛看得见，而疏忽大意所致。盲人走路都非常小心——步步摸索着前进，脚步稳重，全神贯注，像这么稳重的走路方式，明眼人是做不到的。人的一生中，若不希望莫名其妙地受伤或挫败，那么，盲人走路的方式，就颇值得引为借鉴。前途莫测，大家最好还是不要太莽撞才好。”宋代的文学家苏轼说：“古之圣人，无事则深忧，有事则不怯，无事而深忧者，所为有事之不怯也。”诸葛亮一生很谨慎，他敢于唱空城计，则是“有事则不怯”的典型，是“无事而深忧”的硕果，谨慎是三思而行，是深思熟虑，所谓“如临深渊，如履薄冰”。既然人生难测，前途未卜，有深渊，有薄冰，那就应该慎重选择自己的脚步，只有成功到达了目的地的人，他所采用的方式才可以算是正确的。谨慎绝不是胆小，也绝不是缺乏自信。好胜心强者，尤其要记住“螳螂捕蝉，黄雀在后”的教训，所谓“逐兽而不见泰山在前，弹雀而不知深井在后”。关羽攻樊城而失荆州，正是这句话的形象写照。《红楼梦》中的荣国府，在元妃省亲时，是何等的排场，大观园的锦绣繁华，无所不用其极，其烈火烹油之势，赫然权势冲天，可是正应了元妃的话，有权有势不可使尽，金山银山，也有挥霍尽净的一天，不懂谦和韬晦，骄伐太过，结果被人参本。举府查抄，家道一落千丈；荣国府的缩景凤姐，亦由此而误了卿

卿性命。历史上有过多少这样的履辙啊！谦虚者多益、骄矜者易损确是古往今来人类的经验之谈。

懂得谦虚就是懂得人生无止境，事业无止境，知识无止境，知之为知之，不知为不知，知不知者，亦为知。海不辞水，故能成其大，山不辞土石，故能成其高，有谦乃有容，有容方成其广。人生本来就是克服了一个又一个的障碍前进的，攀登事业的高峰就像跳高，如果没有一刹那间的下蹲积聚力量，怎么能纵身上跃？人生又像一局胜负无常的棋，我们无法奢望自己永远立于不败之地。况且，“鹤立鸡群，可谓超然无侣矣，然进而现于大海之鹏，则渺然自小；又进而求之九霄之凤，则巍乎莫及”。只有建筑在谦虚谨慎、永不自满的基础之上的人生追求才是健康的、有益的，才是对自己、对社会负责任的，也一定是会有所作为、有所成功的。

知识链接

懂得谦虚就是懂得人生无止境，事业无止境，知识无止境，知之为知之，不知为不知，知不知者，亦为知。海不辞水，故能成其大，山不辞土石，故能成其高，有谦乃有容，有容方成其广。

第十章

高风亮节 学会包容

1. 宽容让人生更美丽

托尔斯泰虽然很有名，又出身贵族，却喜欢和平民百姓在一起，与他们交朋友，从不摆大作家的架子。

一次，他长途旅行时，路过一个小火车站。他想到车站上走走，便来到月台上。这时，一列客车正要开动，汽笛已经拉响了。托尔斯泰正在月台上慢慢走着，忽然，一位女士从列车车窗里冲他直喊："老头儿！老头儿！快替我到候车室把我的手提包取来，我忘记提过来了。"

原来，这位女士见托尔斯泰衣着简朴，还沾了不少尘土，把他当作车站的搬运工了。

托尔斯泰赶忙跑进候车室拿来提包，递给了这位女士。

女士感激地说："谢谢啦！"随手递给托尔斯泰一枚硬币说"这是赏给你的。"

托尔斯泰接过硬币，瞧了瞧，装进了口袋。

正巧，女士身边有个旅客认出了这个风尘仆仆的"搬运工"，就大声对女士叫道："太太，您知道您赏钱给谁了吗？他就是列夫·托尔斯泰呀！"

"啊！老天爷呀！"女士惊呼起来，"我这是在干什么事呀！"她对托尔斯泰急切地解释说："托尔斯泰先生！托尔斯泰先生！看在上帝的面儿上，请别计较！请把硬币还给我吧，我怎么会给您小费，多不好意思！我这是干了些什么啊。"

"太太，您干吗这么激动？"托尔斯泰平静地说，"您又没做什么坏事！这个硬币是我挣来的，我得收下。"

汽笛再次长鸣，列车缓缓开动，带走了那位惶惑不安的女士。

托尔斯泰微笑着，目送列车远去，又继续他的旅行了。

陈嚣与纪伯为邻，一天夜里，纪伯偷偷地将隔开两家的竹篱笆向陈家移了一点，以便让自己的院子宽一点，恰好被陈嚣看到了。纪伯走后，陈嚣将篱笆又往自己这边移了一丈，使纪伯的院子更宽敞了。纪伯发现后，很是愧疚，不但归还了侵占的土地，而且还将篱笆往自己这边移了一丈。

陈器的不斤斤计较，让纪伯感到内疚，他产生了“以小人之心度君子之腹”的感觉，这就欠下了陈器的一个人情，即使他还了这个人情，每当他想起时，还是会感到歉疚，还是会想方设法报答陈器。

过于小气，斤斤计较，会使朋友认为你是悭吝之人。你可能在择友交友时，认为朋友的友情胜于一切，何必顾虑经济得失，金钱不能使友情牢固。这种思想使你与朋友相处时显得过于节省，事事不出分文；或患得患失，唯恐吃亏。对朋友所馈慨然接受，自己却一毛不拔，这会使朋友感到你视金如命。所以朋友之交要慷慨大方，显得豪爽大度，它会使友情牢固。

当然了，不和朋友斤斤计较不仅仅包括金钱方面，而且包括其他一些方面。

与朋友共事，无论大事小事，无论何时何地，都要考虑到友情的存在，这既是在办事，又是在进行情感的交流。

作为朋友，每一个人都应该明白这一点，自己永远生活在社会之中、同事之中、朋友之中，只有“同舟共济”才能共同生存，也只有尊重和帮助别人，才能赢得别人的尊重和帮助。明白了这一点，我们在与朋友交往过程中，在办事过程中，就必须以求大同存小异为原则。因为在现实生活中，朋友之间所处的环境不同，在经历、教育程度、道德修养、性格等方面虽然是“同声相应、同气相求”，但也不尽相同，必然存在一定的差距。这种差距，不应该成为友谊的障碍。友谊的长久维持应该是不斤斤计较这类差距的结果，应该承认自己和朋友在对待事物方面的差距，适应这种差距。

战国时期，许多达官贵人都喜好养大量门客，以便获得帮助。其中，齐国的孟尝君门客人数最多，号称有“门客三千”，而且其中什么样的人都有。

孟尝君出使秦国时，遭人陷害，秦昭王将他囚禁起来并想杀了他。危急之时，有门客向孟尝君建议，可以向昭王最宠爱的一位妃子求救。

不料，那个宠妃告诉孟尝君说，她想要孟尝君已经献给昭王的一件白狐裘。这一下可难倒了孟尝君。正在他无计可施之时，有一位曾是偷盗之徒的门客说，可以帮助孟尝君弄到白狐裘。他施展绝活，很快将白狐裘盗了出来，献给那个宠妃。宠妃便暗中派人打开城门，放孟尝君等人逃走。

随后，孟尝君急驰回国。走到函谷关时，正是夜半时分，须到鸡叫时方可开门。但孟尝君担心，等到那时秦昭王可能已经发现自己逃走，必将派兵来追。

此时，又有一位门客挺身而出，他说自己善于学鸡叫，可以给守关士兵造成错觉，使他们打开城门。果然，这个人学了几声鸡叫后，函谷关的守门士兵误以为天将破晓，便把城门打开了。

结果，孟尝君顺利地逃出了函谷关，回到齐国。

孟尝君能够逃出牢笼，大难不死，靠的并不是什么谋士大将，而是所谓的“鸡鸣狗盗”之徒。这个故事充分证明了一个道理：

每个人都有独特的优点。所以，在交朋友时，一定不能太单一，不要完全局限于自己的同行或具有共同爱好与兴趣的人中间。最关键的是要能做到优势互补，如果能用你的优势去弥补他人的劣势，那就能够以此换取他人以他们的优势来弥补你的劣势。如此一来，你的社会关系网也会变得更牢固、更有益。

避免痛苦最好的方法，就是宽恕曾经伤害我们的人。宽恕不只是慈悲，也是修养。

有过这样一个故事。

集中营里的威森塔尔每天为德国人干活。这一天，他在休息的时候，一个护士向他走来，问他是不是犹太人。当获得肯定的回答后，护士示意跟她走。他们进了一栋大楼之后，来到一个房间。房间里除了一张白色小床和一张小桌，别无他物。护士伏在床边和床上的人嘀咕了几句，然后就出去了，只剩下威森塔尔和他，而他是一个伤势沉重的德国士兵，年仅二十一岁。当护士出去后，床上的士兵让威森塔尔靠近，并拉住他的手表示，自己马上就要死了。“我知道，”士兵说，“这个时候，成千上万的人都在死去。到处都有死亡。死亡既不罕见也不特别。可是有一些经历老折磨着我，我实在想把它们讲出来。否则我死也不得安宁。”原来，这位濒死的士兵是请那位护士去找一个犹太人来听自己死亡前的诉说，护士碰巧遇上了威森塔尔，此刻他注定就成了个倾听者。

“我叫卡尔……我志愿加入了党卫队……我必须把一些可怕的事情告诉你……一些非人的事。这是一年前发生的事……”

这个士兵到了波兰，经历了战争，也经历了残酷。这次执行的是这样一个任务：把几百个犹太人赶进一个三层楼阁，并运来一卡车油桶搬进屋子。锁上门之后，一挺机枪对准了房门。“我们被告知一切就绪”，接到命令，“要我们从窗户里把手榴弹扔进屋去。”“我们听到里边人的惨叫声，看到火苗一层一层地舔食着他们……我们端起来复枪，准备射击任何从火海里边逃出来的人。”“我看到二楼的窗户后边，有一个人抱着一个小孩儿。这人的衣服正在燃烧。他身边站着一位妇女，毫无疑问是孩子的母亲。他空出的一只手紧捂着孩子的眼睛……随即他跳到了街上。紧随其后，孩子的母亲也跳到了街上。随后，其他窗户也有很多浑身着火的人跳了出来……”“我们开始射击……子弹一排一排打了出去……”

说到这里，这位濒死的人用手捂着绷带覆盖着的眼睛，似乎想从脑海中抹去这些画面，但这个画面永远也抹不去了，白天、夜间，乃至奄奄一息的现在，“我知道我给你讲的那些事是非常可怕的。在我等待死亡的漫长黑夜里，一次，又一次地，我希望把这事讲给一个犹太人听，希望能得到他的宽恕。”“要是没有悔罪……我就不能死。我一定得忏悔。但是该怎样忏悔呢？只讲一堆没有应答的空话……”

正如威森塔尔自己所说：

“毫无疑问，他是指我的沉默不言。可是我能说什么呢？

“这儿是一个濒死的人，一个不想成为凶手的凶手，一个在可怕的意识形态指导下成为凶手的人。他在向我这样一个人悔罪，而这个倾听悔罪的人可能明天又会死于和他一样的凶手之下。”

所以，威森塔尔保持沉默，自始至终只是充当了一个听者。

当晚，那个士兵死去了。

“我是否该满足这个濒死士兵的心愿？”威森塔尔自己并非拿得准这个问题，回来后，他和三个犹太同伴谈起过，他们一致认为威森塔尔做得对。但自此以后，威森塔尔和那个士兵一样，头脑里老是一幅画面——“那个头上缠满绷带的党卫队员”。“我已经断绝了一个临终的人最后的希望。我在这位濒死的纳粹身边保持沉默是对还是错？这是一个非常不好处理的道德问题。这个问题曾经冲击着我的心灵。”1976 年，威森塔尔终于把缠绕了自己三十年仍然没有确切答案的问题诉诸文字，交给了读者。他在结束写作时，这样问道：“亲爱的读者，你刚刚读完了我生命中这段令人忧伤的悲剧故事，你是否可以将心比心，设身处地地从我这个角度问一问你自己这样一个严酷的问题：‘我要是遇到这样的事情，我会怎么做？’”

爱是一种伦理学，也是一种道德情感。基督文化中的宽恕，是建立在爱的基础上。如果不是爱，又何以会说“我们一直在等你”——这语气多亲切。

多数的心理分析家都承认，从被伤害、憎恨到平复、重修旧好的过程当中，都必须经历一些困难的挣扎。

宽恕之所以很困难，是因为我们认为，每个人都应该为自己所犯的错误付出代价，这样才符合公平正义的原则，否则岂不便宜了犯错的一方。但是不宽恕会产生什么结果或副作用呢？例如痛苦、埋怨、憎恶、报复等等，这些结果值不值得再承受，恐怕才是一个更重要的问题。

宽恕也是一种能力，一种停止让伤害继续扩大的能力。没有这种能力的人，往往需要承担因为报复所产生的风险，而这风险却往往难以预料。

不愉快的记忆，使我们不能从被伤害的阴影中平安归来，痛苦总是如影随形，我们也就不能放松和平静了。

所谓没完没了，除了不能释放对方，也可能使自己成为一名心灵被俘虏的

囚犯。

宽恕不只是慈悲，也是修养。

路易斯说：“也许在很久以前，有人伤害了你，而你却忘不了那件不愉快的往事，到现在还痛苦不堪，那就表示你还继续在接受那个伤害。其实你是很无辜的，你要了解到，你并不是世界上唯一有这种经验的人。赶快忘掉这不愉快的记忆，只有宽恕才能释放你自己，让你松一口气。”

曾经有三位前美军士兵站在华盛顿的越战纪念碑前，其中一个问道：“你已经宽恕了那些抓你做俘虏的人吗？”第二个士兵回答：“我永远不会宽恕他们。”第三个士兵评论说：“这样，你仍然是一个囚徒！”

显然，那位士兵心中有狱。什么狱？心狱。囚的是谁？自己，自己把自己囚在自己的心狱里而不能自拔，这实际上是说：不宽恕别人就是不放过自己。拒绝一个忏悔者的忏悔，类似于让一个犯罪的人再去犯罪。而罪恶的存在，却伤害我们每一个人的生存。

如果说道德过失和人格缺陷之类的行为可以宽恕，那么，反人类罪，特别是那种有预谋的、丧心病狂的，也可以宽恕吗？甚至，希特勒如果忏悔，是否也被宽恕？宽恕如果能够解决犯罪，一本《圣经》就够了，何必要法？更何况，宽恕是在罪恶之后，而我正被罪恶包围。当我面对世界上种种侵犯人权的劣行，它甚至发生在自己的最近，这时谈宽恕，是否有点奢侈？

的确，有些罪不能宽恕。像以国家名义和政权形式出现的反人类罪、反人性

罪，如希特勒、东条英机的种族灭绝……这样的罪行因其对人类乃至人类文明的毁灭性伤害，必须得到最严厉的指控和惩罚，绝不能以宽恕的名义赦免。人性中是有恶存在，但希特勒、东条英机等已经不是一般的恶，而是恶魔的化身。宽恕恶魔，本身就是纵容之罪。上世纪70年代以来国际上兴起的一种叫做“非免责”的新人权运动。非免责就是不豁免人权侵犯者和迫害者的法律责任，它源自当年南美国家的极权受害者，其主要工作是调查极权统治时期统治者迫害民众的个案，并追究参与者的法律罪责。这项工作尽管是滞后性的，但它毕竟是在追索迟到的正义，并且对当下的罪恶也可能形成一定的遏制：它使人权犯罪者有所戒惧——秋后可以算账。

宽恕是一种价值，但不是唯一的价值。耶稣可以宽恕出卖他的犹大，但没有权利宽恕没有危害他但却危害了人类的希特勒。因此，宽恕与否，还有一个“群己权界”的问题。害己而宽恕，属于私域，权在个我。而害群者，尤其是反人类性质的，个我不但无权宽恕（因为这个问题已经属于公共领域），相反，参与追究，反而是在承担公共的正义。

2. 学会包容，摒弃怨恨

人们往往容易夸大别人的缺点或错误，而忽略自己的缺陷与弱点。在任何可能的时候，我们往往会把自己的短处归结为别人的原因，而后加以无以名状的怨恨。例如，在每一个离婚案件中，几乎很明显的，所谓无辜的一方往往并不如其所描述的那般无辜。

“这是很奇怪的现象。”心理学家说，“我们自己的过错好像比别人的过错要轻微得多。我想，这是由于我们完全了解有关犯下错误的一切情形，于是对自己多少会心存原谅，而对别人的错误则不可能如此。”

古希腊神话中有一位大英雄叫海格力斯，从来都是所向披靡，无人能敌的。

春风得意的他是何等的踌躇满志，唯一遗憾的就是找不到对手。

一天，他走在坎坷不平的山路上，突然，他发觉脚边有个袋子似的东西很绊脚，海格力斯就猛踢了那东西一脚，谁知那东西不但没被踢破，反而膨胀起来。海格力斯有点恼怒，顺手拿起一根碗口粗的木棒向它砸去。没想到的是，那东西竟越砸越大，最后，竟然大到把路都堵死了。

正在海格力斯无计可施时，山中走出一位智者。海格力斯对智者说："这东西着实可恶，存心和我过不去。把我的道路都堵死了。"智者观察了一下当时的情景，对海格力斯说："朋友，快别动它，忘了它，离开它远去吧！它叫仇恨袋，你不犯它，它便小如当初；你侵犯它，它就会膨胀起来，挡住你的路，与你敌对到底！"

生活中总是难免发生一些摩擦和误会，如果肩上扛着仇恨袋，心中装着仇恨袋，生活就如负重登山，举步维艰，最后，只会把自己的路堵死。

生活的经验告诉我们，不管我们的理由如何，怀恨总是不值得的。潜留在我们内心里的侮辱，永难平复的创伤，都能损坏我们生活中的许多可爱的事物。我们被锁在自己的苦恼之渊里，甚至无法为别人的幸运而快乐。怨恨就像毒害我们的血液、细胞的毒素一样，影响、侵蚀我们生命的质量。

人们常说：爱产生爱，恨产生恨。这句老话的确不错。美国第三任总统杰斐逊与第二任总统亚当斯从交恶发展到相互包容，就是一个生动的例子。杰斐逊在就任前夕到白宫去，想告诉亚当斯，他希望针锋相对的竞选活动并没有破坏他们之间的友情。在杰斐逊未来得及开口时，亚当斯便咆哮起来："是你把我赶走的！"二人的友情自此破裂，中止交往达 11 年之久。直到后来，杰斐逊的几个邻居探访亚当斯时，这个坚强的老人仍在诉说那件难堪的往事，但接着脱口而出："我一向喜欢杰斐逊，现在仍然喜欢他。"邻居把这话传给了杰斐逊。杰斐逊也不计前嫌，他主动请了一位彼此皆熟的朋友传话，让亚当斯也知道了他的心里话。后来，亚当斯回了一封信给他，两人从此开始了书信往来。

通常情况下，仇恨的思想对别人无益，对自身也是毒害健康的毒药。某医学院曾作过一次调查，报告中说：与心情较为愉快的人相比，心存怨恨的人更经常往医院跑。医务人员所做的试验显示，患心脏病的人常常不是工作辛劳的人，而是抱怨工作辛劳的人；最足以引起高血压的原因，莫过于外表好像很安静，内心里却常被强烈的怨恨所煎熬。对于家庭主妇来说：那些心里总是惦记着丈夫如何

不懂体贴的妇女，比起那些心里毫无杂念的妇女，更容易在家里发生意外事件。

甚至在交通问题这件事上，怨恨也会带来负面的影响，会造成不少意外事件。为此，交通问题专家说：“发怒的时候永远不要开车。”

有很多人遇到挫折后，不是去寻求合适的方法克服困难，而是把一切原因都归结到别人的身上，喜欢迁怒于别人。但迁怒于别人只能给自己的人际交往带来障碍，对排除困难没有好处，所以，需要我们凡事学会包容。包容不是对原则问题的一种让步，而是对他人的一些非原则性缺点和过失的一种宽容和谅解。包容是一种必不可少的品质，一种正确的自我意识的体现。一个人只有正确地认识了自己，才会有包容的胸怀。包容是极高思想境界的升华，是一个人品质的体现，是一种崇高的境界。表面上看，它只是一种放弃报复的决定，这种观点似乎很消极，但真正的包容却是一种需要巨大精神力量支持的积极行为。包容是为那些曾经侵犯我们的人着想而说出的，它使我们从中看到了非常强大的力量，可以帮助我们恢复友谊、爱情和事业，它的最高境界是心灵的净化。

有时候，背叛固然是能给我们造成巨大伤害的一种敌对行为，但它也并非完全不可容忍。能够承受背叛的人才是最坚强的人，也将以他坚强的心志在生活和工作氛围中占据主动，以其威严更能够给人以信心、动力，因而更能制止危机的蔓延。

包容是一种需要历练、需要修行才能达到的境界。有人说，包容是软弱的象征。其实不然，有软弱之嫌的包容根本称不上是真正的包容。

学会包容，意味着你不会再为他人的错误而惩罚自己。生气的根源不外是别人做事侵犯或伤害了自己的利益和自尊心，于是勃然变色，怒从心头起。此种生理反应无非是在惩罚自己，于自身毫无益处。

学会包容，意味着你不会睚眦必报，从而拥有一种潇洒的人生态度。在人类历史的进程中，党同伐异的事不胜枚举。其实质源于人的自高自大的狭隘心理，每个人都或多或少带有自以为是的倾向，对与自己不同的见解、行为，一概排斥、贬低，甚至明枪暗箭，自己也弄得神经紧张，终日心事重重。要知道，以包容心来处世，也要包容地接受各种思想意识。想要将自己的思想强迫推销给别人，去改变别人，只会给自己带来烦恼。要培养出让自己活得自在，也让他人活得舒畅的涵养。

学会包容，意味着你不再凡事患得患失。包容，首先包括对自己的包容。只有对自己包容的人，才可能对别人也包容。承认自己在某些方面不行，才能扬长避短，才能心平气和地工作与生活。

人的烦恼一半源于自己，即所谓画地为牢，作茧自缚。芸芸众生，各有所长，各有所短。争强好胜达到一定程度，往往会受身外之物所累，失去做人的乐趣。我国有一位著名心理学家曾经说过："人类心理的适应，最主要的就是人际关系的适应，人类心理的病态，也主要由人际关系的失调而得来。"而人际关系的失调严重伤害人的身体健康，所以必须放弃报复、学会包容，这么做的收益是人际关系的协调和顺畅。

知识链接

通常情况下，仇恨的思想对别人无益，对自身也是毒害健康的毒药。

3. 凡事不可太较真

"水至清则无鱼，人至察则无友"，凡事太较真，无论对什么都看不惯，身边的人没一个能容得下，无异于孤立自己、远离人群，造成自己与他人、与社会格格不入的局面。怎样做人处世是一门学问，做人不可太较真便是其中一理。这正是有人活得潇洒，有人活得累的原因之所在。 做人固然不能玩世不恭、游戏人生，但也不能太较真，认死理。一面很平的镜子，在高倍放大镜下，也会显出凹凸不平；肉眼看很干净的东西，拿到显微镜下，满目都是可怕的细菌。试想，如果我们“戴”着放大镜、显微镜对待生活，恐怕连饭都不敢吃了；而如果再用放大镜去看别人的毛病，恐怕那家伙罪不容诛、无可救药了。

人非圣贤，孰能无过。所以，与人相处就要互相体谅、互相理解，得饶人处且饶人。与人相处，只要我们遵循求大同存小异的心态，有肚量，能容人，就会有越来越多的朋友，做事也能左右逢源，诸事遂愿；相反，如果我们凡事“明察秋毫”，眼里揉不下沙子，无论什么鸡毛蒜皮的小事都要论个是非曲直，容不得人，人家也会躲自己远远的。最后，我们只能关起门来“称孤道寡”，成为使人避之唯恐不及的怪人。

有位智者说，大街上有人骂他，他连头都不回，他根本不想知道骂他的人是谁。因为人生如此短暂和宝贵，要做的事情太多，何必为这种令人不愉快的事情浪费时间呢？这位智者的确修炼得颇有层次了，知道该干什么和不该干什么，知道什么事情应该认真，什么事情可以不屑一顾。要真正做到这一点是很不容易的，需要经过长期的磨炼。

俗话说：“宰相肚里能撑船。”古今中外，凡能成大事者都具有一种优秀的品质，就是能容人所不能容、忍人所不能忍，善于求大同存小异，团结大多数人。他们一般都胸怀开阔，为人做事豁达而不拘小节，凡事都能从大处着眼而不会目光短浅、斤斤计较，纠缠于一些鸡毛蒜皮的琐事，所以他们才能成大事、立大业，成就自己不平凡的人生。

但是，如果要求一个人真正做到不较真、能容人，也不是简单的事。首先需要有良好的修养、善解人意的思维方法，并且需要从对方的角度设身处地地考虑和处理问题，多一些体谅和理解，就会多一些宽容，多一些和谐，多一些友谊。比如，有些人一旦做了官，便容不得下属出半点毛病，动辄捶胸顿足，横眉立目，属下畏之如虎，时间久了，必积怨成仇。想一想天下的事并不是你一人所能包揽的，何必因一点点小毛病便与人怄气呢？可如若调换一下位置，挨训的人也许就理解了上司的急躁情绪。

职员小王知道自己的顶头上司是好朋友的亲戚，最近一段时间老向自己的朋友抱怨这位上司对自己的态度不好，像谁欠了她钱不还似的。后来，他的这位朋友打听到了自己这位亲戚的近况，原来她的丈夫有外遇刚离了婚，家里又有老母瘫痪在床，上小学的女儿又生病了。难怪她一天到晚愁眉不展。职员小王知道情况后再不计较她的态度了，甚至在单位里处处帮她一把，为她做些力所能及的事，赢得上司的感激。试想如果小王不了解情况就生气地跟自己的上司处处作对，他怎么能干好工作，对自己的职业前景又有什么好处呢？

在一次舞会上，一个个头偏矮的男子，去邀请一位身材高挑的女孩跳舞，那女孩拒绝道："我从不与比我矮的男人跳舞。"男人听了没有发火，也没有指责对方，而是淡淡一笑，自嘲地说："我真是武大郎开店，找错了帮手！"那女孩听后面红耳赤，反而不自然起来。自嘲，使那位男士走出窘境，保持了心境的平衡，而且还把尴尬抛还给了那个伤害自己的女孩。如果当时，那位男士态度较真，和那位姑娘生气地理论一番，可能一场争吵，甚至对骂就会上演，最终弄得双方都不愉快的结果。在公共场所遇到不顺心的事，实在不值得生气。素不相识的人冒犯你肯定是有原因的，不知哪一种烦心事使他这一天情绪恶劣，行为失控，正巧让你赶上了。只要不是侮辱了人格，我们就应宽大为怀，不以为意，或以柔克刚，晓之以理。总之，不能与这位与你原本无仇无怨的人瞪着眼睛较劲。假如较起真来，大动肝火，刀对刀、枪对枪地干起来，酿出个什么后果，那就犯不上了。跟萍水相逢的陌路人较真，实在不是聪明人做的事。假如对方没有文化，一较真就等于把自己降低到对方的水平，很没面子。另外，对方的触犯从某种程度上是发泄和转嫁痛苦，虽说我们没有分摊他痛苦的义务，但客观上确实帮助了他，无形之中做了件善事。这样一想，也就原谅他了。

清官难断家务事，在家里更不要凡事较真，否则可谓愚不可及。夫妻之间、大人和孩子之间哪有什么原则、立场一类的大是大非的问题。一家人之间，非得分出个对和错来，又有什么实际意义呢？家里是一个可以尽情休闲放松的港湾，一个可以尽享天伦之乐的地方，倘若一个人在家里还跟在外面一样循规蹈矩，每说一句话、每做一件事都要反复掂量，考虑对错、妥否，顾及各种影响，岂不是太可笑、太没必要，也太让人感到疲累了！

正所谓：退一步，海阔天空。生活需要弯曲的艺术，做人做事需要一点弹性空间，婚姻生活中也有自己的一些弹性法则。

有一段时间，一对夫妇关系很紧张。为了挽回自己处于危机的婚姻，他们相约做一次浪漫之旅，如果能找回感觉就继续生活，否则就友好分手。

他们来到一个南北走向的山谷，山谷并无特别之处，只有一处引起了他们的注意：它的西坡上长满了松柏及其他树种，而东坡却只有雪松。

因为当时正下着大雪，他们就支起了帐篷。不久，他们发现了一个奇怪的现象：东坡上的雪总比西坡上的雪来得大，来得密，不一会儿，雪松上就积了厚厚的一层雪。而当雪积累到一定程度时，雪松那富有弹性的枝丫就会向下弯曲，直到雪从枝上滑落，才会反弹而起。这样反复地积压、弯曲、脱落，雪松竟一直完好无损。而西坡由于雪下得一直不大，便没见什么大雪压弯枝头的现象……

“要是其他的树碰到这种情况，树枝可能早就被压断了！”妻子把这一发现告诉了丈夫，“东坡肯定也长过其他的树种，只是不会弯曲才被大雪摧毁，而慢慢死去、消失了。”丈夫点头称是。然后，两人都陷入了深思……

稍顷，他们好像都明白了什么，两人紧紧地拥抱在一起……夫妻之间，应该像雪松那样在遇到承受不了的压力时弯下身来，多些宽容，多些谅解，彼此释下心灵的盔甲，避免情感被压断的结局。弯曲，并不是低头或失败，而是一种和谐、有弹性的生活艺术。

家是避风的港湾，应该是温馨和谐的，千万别把它演变成充满火药味的战场，关键就看你怎么去把握了。

如果我们明确了哪些事情可以不认真，可以敷衍了事，我们就能腾出时间和精力，全力以赴认真地去做该做的事，我们成功的机会和希望就会大大增加；与此同时，由于我们变得宽宏大量，人们就会乐于同我们交往，我们的朋友就会越来越多。事业的成功伴随着社交的成功，应该是人生的一大幸事。

知识链接

水至清则无鱼，人至察则无友。

4. 宽恕伤害过自己的人

人们在受到伤害的时候，最容易产生两种不同的反应：一种是憎恨，一种是宽恕。

憎恨的情绪，使人一直浸泡在痛苦的深渊里。如果憎恨的情绪持续在心里发酵，可能会使生活逐渐失去秩序，行为越来越极端，最后一发不可收拾。

而宽恕就不同了。宽恕必须随被伤害的事实，从“怨怒伤痛”到“我认了”这样的情绪转折，最后认识到不宽恕的坏处，从而积极地去思考如何原谅对方。

甘地是20世纪印度民族独立运动最有权威的领导者，印度国民大会党的主要领导人，人称“圣雄”。甘地不仅是出色的领袖，也是杰出的思想家，他的思想和主张对整个印度半岛产生了巨大而深远的影响。甘地的思想很特别，他的政治观念是建立在印度传统宗教思想基础之上的。英雄式的忍耐性，使甘地的“非暴力运动精神”注入到了每一个印度人的灵魂之中，从而使得英国殖民当局武力式的压迫在非暴力运动精神面前束手无策。

甘地是一个纯粹的精神运动领袖，无限的宽恕和无限的忍耐，始终贯穿在他发动的革命运动之中。在甘地的领导工作中，找不出任何一点以权谋私的痕迹。他总是以牺牲自己的伟大精神来对待工作，并希望借此号召信徒、感化敌人。甘地的心灵永远是仁慈、虔诚的，甘地的胸怀永远是宽容、博大的，即使面对敌人也是如此。

在此略举甘地的一两件小事。

1907年，甘地因为所采取的非暴力抵抗运动遭到部分激进分子的抵制，同时，英国当局又用尽全部手段迫使他屈服。有一天，甘地在大街上被一群暴徒无情地攻击和毒打，这群人打到以为他断气了才离开。以后，甘地又被捕入狱、判刑后做了苦役。在那段非常时期里，甘地仍然以他那无比的度量、最大的包容宽恕暂时的、永久的政敌，他继续为鞭打他的人奋斗，继续走自己既定的道路。

甘地曾经和泰戈尔在观念上产生了矛盾，两个人之间的友谊出现了微小的裂痕，可是甘地不想做任何文字、口头上的理论和辩解。当有人在他面前攻击泰戈尔时，甘地就想办法阻止他们说下去，并毫不客气地命令他们不要散布流言，破坏他和泰戈尔之间的交情。另外，他还发表声明，表示自己应该感谢泰戈尔。甘地就是依靠宽恕赢得了他的人民乃至敌人的信任和拥戴的。

宽恕是文明的责罚。只有在有权力责罚时而不责罚，才是宽恕；只有在有能力报复时而不报复，才是宽恕。为人处世应当拥有这种宽恕的德行。

希望大家不要放弃，要努力做到宽恕。写过不少儿童美妙幻想故事的英国学者路易斯小时候常受凶恶的老师侮辱，心灵深受创伤。他几乎一生不能宽恕这位伤害过自己的老师，且又因为自己不能宽恕而感到困扰。然而在他去世前不久，他写信告诉朋友："两三星期前，我忽然醒悟，终于宽恕了那位使我童年极不愉快的老师。多年来我一直努力想做到这一点，每次以为自己已经做到，却发觉还须再度努力一试。可是这次我觉得我的确做到了。"这真是大彻大悟啊！

真的，仇恨的习惯是难以破除的。和其他许多坏习惯一样，我们通常要把它粉碎很多次，最后才能把它完全消灭。伤害愈深，心理调整所需要的时间就愈长。可是久而久之，总会慢慢地把它消灭。

斯宾诺莎说："心不是靠武力征服，而是靠爱和宽容大度征服。"如果一个人能原谅宽容别人的冒犯，就证明他的心灵乃是超越了一切伤害的。做人要心胸开阔，对事要思想开明。世界上最能长存的东西能存在的日子也很有限，做人又何必拿这些小事当真呢？宽恕人家所不能宽恕的，是一种高贵的行为。

知识链接

斯宾诺莎说："心不是靠武力征服，而是靠爱和宽容大度征服。"

5. 有仇不报是君子

俗语说："有仇不报非君子。"我则说："有仇不报是君子。"

有一部电影描述这样的故事：

美国西部拓荒时期，一位牧场的主人因为全家大小被土匪枪杀，因而变卖牧场，天涯寻仇。

家被毁了，这种仇任谁都想报的，可是当这牧场主人花了十几年的时间找到凶手时，才发现那个凶手已疾病缠身，躺在床上毫无抵抗能力，要求牧场主人给他致命的一枪。牧场主人把枪举起，又颓然放下。

结果是，牧场主人沮丧地走出破烂的小木屋，在夕阳照着的大草原中沉思，他喃喃自语："我放弃一切，虚度十几个寒暑，如今我也老了，报仇——它到底有什么意义呢……"

电影是人编的，但编剧者根据的也是现实生活，因此虽然是电影，但一样可以供人们深刻的反省，而这反省也就是我们强调"有仇不报是君子"的道理。

首先来看看一个人要"报仇"所需的投资：

——精神的投资。每天计划"报仇"这件事，要花费很多精神。想到切齿处，情绪的剧烈波动，更有可能影响到身体的健康。

——财力的投资。有人为了报仇而放下一辈子的事业，大有"玉石俱焚"的味道，就算不放下一辈子的事业，也要花费不少的财力来做部署的工作。

——时间的投资。有些仇不是说报就能报，三年五年，八年十年，甚至二十年四十年都有可能报不成。就算报成了吧，自己也年华老去了。

由于"报仇"此事投资颇大，而且还不一定报得成，而不管报得成或报不成，只要对"报仇"这件事你不只心动而且行动，你就会元气大伤。因此我们主张"有仇不报是君子"。

所谓的“君子”是指成熟的人、有智慧的人。一个成熟的人、有智慧的人知道轻重，知道什么东西对他有意义、有价值。“报仇”这件事虽然可消“心头之恨”，但心头之恨消了，也有可能失去了自己，所以“君子”有仇不报。

仇是可以不报，但是不可以忘记，因为“仇”会带给你奋发的力量，刺激你成长，让你可以用“成就”来“报仇”。而且一旦你力量比“仇人”大了，你的仇人自然不是逃之夭夭就是前来请罪，因为你的“不报”成为他心头最大的阴影——他怕你哪一天真的下手“报仇”。所以“不报”才是君子最好的“报仇”。

6. 宽容就是忍耐

在与别人交往的时候，能够做到遭人误解不但不恼、反而注意不伤害对方的面子的人，具有宽容的品德。

宽容就是潇洒。“处处绿杨堪系马，家家有路到长安”。宽厚待人，容纳非议，乃事业成功、家庭幸福美满之道，事事斤斤计较、患得患失，活得也累。难得人世走一遭，潇洒最重要。

宽容就是忍耐。对同事的批评、朋友的误解，过多的争辩和“反击”实不足取，唯有冷静、忍耐、谅解最重要。相信这句名言：“宽容是在荆棘丛中长出来的谷粒。”能退一步，天地自然宽。

宽容就是洞察。世界由矛盾组成，任何人或事情都不会尽善尽美。无论是“患难之交”“亲朋好友”，还是“金玉良缘”“模范丈夫”，都是相对而言。他们的矛盾、苦恼常被掩饰在成功的光环下，而掩盖的工具恰恰是宽容。不必羡慕人家，不要苛求自己，常用宽容的眼光看世界，事业、家庭和友谊才能稳固和长久。

宽容，让你如此美丽！

记住，别人也许全错了，但他本人并不一定意识到这一点。不要去责备他，那样做太愚蠢了。应该试着去了解别人，这样的人才是聪明、宽容的。

别人之所以那么想，一定有他的原因。找出那个隐藏着的原因，那你就拥有了解释他行为或者个性的钥匙。

试试看，真诚地使自己置身于别人的处境里。

如果你总能对自己说："我要是处在他的情况下，会有什么感觉？会有什么反应？"那你就能节约不少时间，免去许多苦恼。因为"若对原因感兴趣，我们就不大会讨厌结果"。而除此以外，你还将大大增加为人处世的技巧。

"暂停一分钟，"肯尼斯·库第在他的著作《如何使人们变得高贵》中说："暂停一分钟，把你对自己事情的高度兴趣，跟你对其他事情的漠不关心，互相作个比较。那么，你就会明白，世界上其他人也正是抱着这种态度！这就是，要想与人相处，成功与否全在于你能不能以同情的心理，理解别人的观点。"

这一点，卡尔先生有其独特的心得：

"多年来，我经常在我家附近的一处公园内散步和骑马，作为消遣和休息。我跟古代高卢人的督伊德教徒一样，只崇拜一棵橡树。因此，当我一季又一季地看到那些嫩树和灌木被一些不必要的大火烧毁时，觉得十分伤心。那些火灾并不是由吸烟者的疏忽引起的，而几乎全是由那些在公园野餐，在树下煮蛋和做'热狗'的小孩子们引起的。有时火势太猛，甚至要惊动消防队来扑灭。

"在公园的一个角落里，立着一块告示牌说：任何使公园内起火的人必将受罚或被拘留。但告示牌立在一个偏僻的角落里，很少有人看到。

"公园里有骑马的警察，本应该照顾公园才对，但他们并未尽职，火灾继续在每一个季节里蔓延。有一次，我慌慌张张地跑到一位警察面前，告诉他公园里有一处着火了，希望他赶快通知消防队，但他竟然漠不关心地回答，这不关他的事，因为那儿不是他的辖区！我真失望。从此，我再到公园骑马的时候，就像一名自封的管理员那样，试图去保护公共财产。

"刚开始，我并不去试着了解孩子们的想法，一看到树

下有火，心里就很不痛快。

“我总是骑马来到这些孩子面前，警告说：如果他（她）们使公园发生火灾，就要被送进监牢去。我以权威的口气，命令他们把火扑灭。如果他们拒绝，我就威胁说要叫人把他们抓起来。我只是尽情发泄我的怒气，根本没有顾及他们的看法。

“结果呢？那些孩子服从了——不是心甘情愿而是愤恨地服从了。但等我骑马跑过山丘之后，他们很可能又把火点燃了，而且恨不得把整个公园烧光。

“随着年岁的增长，我对为人处世有了更多的知识，变得通情达理了一点，更懂得从别人的观点来看事情。于是，我不再下命令了，我会骑着马来到那个火堆前，说出这样一番话：‘玩得痛快吗？孩子们。你们晚餐想煮点什么？……我小时候也很喜欢烧火堆，而现在还是很喜欢。但你们应该知道，烧火在这个公园里是十分危险的，我知道你们几位会很小心，但其他人可就不这么小心了。他们来了，看到你们生起了一堆火，因此他们也生起了火，而后来回家时却又不把火弄熄，结果火烧到枯叶，蔓延开来，把树木都烧死了。如果我们不多加小心，以后我们这儿会连一棵树都没有了。但我不想太啰嗦，扫了你们的兴。我很高兴看到你们玩得十分痛快，可是，能不能请你们现在立刻把火堆旁边的枯叶子全部拨开。另外，在你们离开之前，用泥土，很多的泥土，把火堆掩盖起来。你们愿不愿意呢？下一次，如果你们还想生火，能不能麻烦你们改到山丘的那一头，就在沙坑里起火。在那儿起火，就不会造成任何损害……真的谢谢你们，孩子们！祝你们玩得痛快。’

“这种说法有了极大的效果，使得那些孩子愿意合作了，不勉强、不憎恨。他们并没有被强迫接受命令，他们保住了面子，觉得舒服了一点。我也会觉得舒服一点，因为我事先考虑到了他们的看法，再来处理事情。

“以后，当你请求任何人把火灭掉，或请求他买一罐‘阿福塔’牌清洁液，或请求他捐出五十元给红十字会之前，何不暂停一下，闭上眼睛，试着从别人的观点仔细想一想整件事？问问你自己：‘为什么他这么做？’不错，这要花费你很多时间，但这能使你结交到朋友，得到更好的结果，减少摩擦和困难。”

哈佛商学院的特哈姆院长说：“在会见某人之前，我宁愿在他办公室外面的走廊上多走两个小时，而不愿贸然走进他的办公室时脑海中没有清晰的概念，不知道该说什么，也不知道他——根据我对他的兴趣及动机的认识来判断——大概会怎么回答。”

这段话太重要了。如果你在阅读本书之后，只学到一件事即较容易地经常站在别人的立场上来思考，以及从你自己和别人的角度来观察事物，即使只学到这一点，实践也会很快地证明这是你生活中的一个新的里程碑。

知识链接

宽容就是忍耐。对同事的批评、朋友的误解，过多的争辩和“反击”实不足取，唯有冷静、忍耐、谅解最重要。

7. 忍让他人风格高

两个人从独木小桥的两端，同时走到了桥中间。而小桥的宽度，只能容许一个人迈步，怎么办？房子里有四个人聊天，外面送来三个苹果，谁吃谁不吃？在交叉路口，两个骑自行车的人无意中相撞倒地，是互相指责、你厮我打呢，还是互相说“对不起”“不要紧”？无缘无故，别人开你一通玩笑，甚至真真假假损你一顿，你又怎么办？……生活中几乎到处都有这种矛盾，而且几乎天天都有这种矛盾，在这种看来不争就要“吃亏”的情况下，应该采取什么态度呢？

生活就是运动，矛盾无时不在、无处不在，关键是要有个正确的态度，妥善地处理矛盾。一个“让”字，往往是妥善地解决矛盾的关键。许多事情如果各自寸步不让，那就只好怒目相向，握拳相持；而高姿态、高风格的带头礼让，则可能使僵持的矛盾迎刃而解。

相传唐代有位张公艺，数代同居，合家和睦。唐高宗要他谈谈治家诀窍，这老兄一连写了一百个“忍”字，意思是说，彼此忍让，是家和之本。山东济阳有个“仁义胡同”，相传明朝时当地人董笃行在京都做官，母亲来信说家里因盖房砌墙与邻居发生争执，要他出面讲话。董笃行便写了一首诗寄给母亲，诗云：“千里捎信只为墙，不禁使我笑断肠。你仁我义结近邻，让出两墙又何妨。”董母照办后邻居受到教育，也主动退让，于是空出一条胡同，即“仁义胡同”。

清代中期，还有个“六尺巷”的故事。据说当朝宰相张英与一位姓叶的侍郎都是安徽桐城人，两家毗邻而居，都要起房造屋，为争地皮，发生了争执。张老夫人便修书北京，要张英出面干预。这位宰相到底见识不凡，看罢来信，立即作诗劝导老夫人：“千里修书只为墙，再让三尺又何妨？万里长城今犹在，不见当年秦始皇。”张家见书明理，立即把院墙主动退后三尺。叶家见此情景，深感惭愧，也马上把院墙让后三尺。这样，张叶两家的院墙之间，就形成了六尺宽的巷道，成了有名的“六尺巷”。事情就是这样，争一争，行不通，让一让，六尺巷。

礼让不仅仅是为了息事宁人，它还是社会主义精神文明建设的一个内容。我国素有礼仪之邦之称，礼在何处？仪在哪里？“让”便是具体内容之一。而所谓“让”，就是“厚人自薄”，就是先人后己，舍己为人，不怕吃亏。

当然，我们提倡人与人之间的礼让，并不是无原则的忍让，更不是逆来顺受。正确的态度只能如毛泽东所说的：“一切言论行动都必须合乎广大人民群众的利益，为最广大人民群众所拥护为最高标准。合乎这个标准，可让当让。否则，就不是让的问题，而是批评教育，甚至是起而斗争的问题了。”

知识链接

一切言论行动都必须合乎广大人民群众的利益，为最广大人民群众所拥护为最高标准。合乎这个标准，可让当让。否则，就不是让的问题，而是批评教育，甚至是起而斗争的问题了。

第十一章

控制自欲 驾驭贪婪

1. 不要做欲望的奴隶

人都有欲望，贫穷的人想变得富有，低贱的人想变得富贵，默默无闻的人想变得举世闻名，没有受过赞誉的人想得到荣誉，这是无可非议的，但问题在于欲望和能力之间是必须成正比。修身养性的一个重要内容，就是寻求欲望与能力之间的和谐。在欲望和能力之间发生严重不协调时，或者抑制欲望的膨胀，或者增加自己的能力。世界上，美好的东西实在数不过来，我们总是希望得到尽可能多的东西，其实欲望太多，反而会成为累赘。

而真正可悲的是：人是绝对不愁找不到借口的。有一位修道者，准备离开他所住的村庄，到无人居住的山中去隐居修行。于是，他只带了一块布当做衣服，一个人到山中隐居去了。

后来，想到洗衣服的时候，他需要另外一块布来替换。于是，他忍不住就下山向村民们讨了一块布。

当这位修道者回到山中后，他发觉在他居住的茅屋里面有一只老鼠。由于一时没有办法赶走那只老鼠，他就来到山下村民要了一只猫。

得到猫之后，他又想到："让它吃什么呢？我并不想让猫去吃老鼠，但总不能跟我一样吧？给它吃牛奶吧！"于是，他又向村民要了一头奶牛。这样，那只猫就可以靠牛奶来维持生存了。

但是，在山中居住了一段时间以后，他发觉每天都要花很多的时间来照顾那头奶牛。于是，他又下山找了一个无家可归的流浪汉到山中帮他照顾奶牛。

流浪汉在山中居住了一段时间之后，他就向修道者抱怨："我跟你不一样，我需要一个太太，我要过正常的家庭生活。"修道者一想也有道理，他不能强迫别人一定要跟他一样过苦行僧的生活。

于是，几年之后，整个村庄就都搬到山上去了。

欲望就像是一条锁链，一个牵着一个，永远都难以满足。其实，每个人都应学会让自己轻松地生活，生命之舟载不动太多的欲望。

著名作家林清玄曾在文章中讲过这样一个故事，自己一位朋友的亲戚的姑婆从来没穿过合脚的鞋子，她常穿着巨大的鞋子走来走去。晚辈如果问她，她就会说："大小鞋都是一样的价钱，为什么不买大的呢？"许多人不断地追求巨大，其实只是被内在贪欲推动着，就好像买了特大号的鞋子，忘了不合自己的脚一样。不管买什么鞋子，合脚最重要，不管追求什么，总是适可而止。

现在有不少人似乎觉得只有钱财才能带给自己安全感，所以疯狂地聚敛钱财，这种人把钱财看得比性命还宝贵，为了钱什么事情都敢干，以至于沦为金钱的奴隶，还有许多人竟因此连性命也失掉了。在对待金钱的态度上，石油大王洛克菲勒的做法值得你我借鉴。

洛克菲勒在少年时代就接受了父亲赚钱的启蒙教育，成年之后更是智慧超凡，并最终成为全世界第一个超过十亿美元的富翁。可是，大量的金钱也给他带来了无穷的困惑。世人都骂他是一个"残酷、奸诈"的伪君子。一时间，他的形象为许多美国人所憎恨和厌恶。他也曾检讨自己是一个"除了金钱之外，一无所有的穷人"。

面对一系列金钱带来的烦恼，他决定给自己另定一个目标。有一天，洛克菲勒的好朋友对他说："你的家产像大风雪一样往上翻滚，你必须把它散得比积得还快，要不然，它将压垮你和你的儿女以及儿女的儿女。”他还建议洛克菲勒为了人类的利益，成立一家永久性慈善机构，来管理、支配他的一部分财产。他接受了朋友的建议。因为，他自己也感受到：一个人能够花钱得到的真正等价物，就是培养一种情趣，从而使其产生持久、积极的效果。财富是上天所赐，自己只是这笔财富的保管人而非拥有者，因此，这些财富取之于社会，仍然要用之于社会。

随后的数十年，他捐资数以亿计的财富支持教育、卫生和科学研究事业，以回报社会，帮助更多人战胜穷困。当然，洛克菲勒先生终于获得了世人的肯定与尊敬。

一个人可以成为自己欲望的主人，也很容易沦为它的奴隶，这取决于人们对待欲望的态度。当你视欲望为至高无上的时候，其实你已经成了它的奴仆。当你将它置于一个平衡的位置时，你就能驾驭它，成为它的主人。

知识链接

欲望就像是一条锁链，一个牵着一个，永远都难以满足。

2. 贪心猛于虎

从前，有两个朋友看到一位哲学家从丛林中惊慌失措地跑过来。他们问他为什么这样惊恐不安。哲学家说：“在那片丛林中，我看到一个吃人的东西。”“你是不是说有一只老虎？”两个人不安地问道。“不，”哲学家说，“要比老虎厉害得多，我在挖一些药草时挖出来一堆金子。”

“在哪儿？”两个人赶忙问道。

“就在那片丛林中。”说完，哲学家就走了。

两个朋友立即跑到哲学家所指的地方，果然发现有一些金子。

“那个哲学家多蠢啊！”一个人对另一个人说，“竟把这贵如生命的黄金说成吃人的东西！”

另一个人说：“让我们想想怎么办吧。在光天化日之下，现在就把它拿回村里是不安全的，必须在夜里悄悄拿回家去。我们留一人在这看着财宝，另一个回家去拿饭来吃吧。”

当一个人去拿饭时，留下来的一个想：太遗憾了，今天要是我一个人来多好。现在我还得把这些黄金分给朋友一半，这样谁也不会分得多少了。我有一大家子人，需要得到全部黄金。只要他一来，我就用刀子把他捅死。

同时，另一个也在想：我干吗要把黄金分给他一半呢？我负债累累，一点为晚年准备的积蓄都没有，我不能分给他一半。我先吃饱饭，然后就在饭里放上毒药，给他带去，他一吃就死了。想好之后，他带着饭，来到发现财宝的地方。他刚一到那里，另一个人冷不防地给了他一刀，当即结果了他的性命。

行凶后，凶手对朋友的尸体说道：“可怜的朋友，是一半黄金送了你的性命。现在，我该吃饭了，真饿得我够呛。”他端起有毒的饭吃了下去。半小时后，他也一命呜呼了。他在临死的时候说：“哲学家的话多么对呀！”

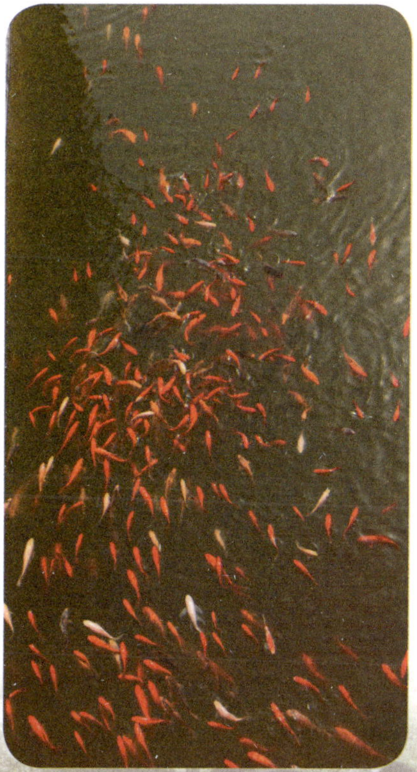

金钱猛于虎，比猛虎更厉害的是人的贪心。贪婪往往使人疯狂，使人利令智昏，失去理性，以至于互相残杀，最终被贪心所害。

“贪”的本义指爱财，“婪”的本义指爱食，“贪婪”指贪得无厌，对与自己力量不相称的某一目标过分的欲求。人之求利，情理之常，但君子爱财，应取之有道，如果无视社会法律、规则、道德，一味巧取豪夺，贪婪成性，只能让人唾弃。

放下贪婪，会让自己活得轻松、坦然。

3. 不戚戚于贫贱，不汲汲于宝贵

人生就像一场田径比赛，不管多么努力，技术运用得多么出色，结果总会有相对于第一名的落后者。享受称呼的，仅仅是那成千上万名中第一个冲到终点的幸运儿。生活又何尝不是这样？相对于那些在某一领域中因出类拔萃而获得万众瞩目的人物来说，绝大多数的人都是那些在平凡的工作、平凡的家庭中默默尽力的人。而且，人生风云变幻，又有多少人没有品尝过世事沧桑的滋味呢？

从社会的需要说，每一种工作都是必需的。只要每个人做好自己的本职工作，保持物质的丰富，促进社会的繁荣，他就应该自傲而自豪。若从生活的价值来说，能够体味人生的酸甜苦辣，做过了自己所喜欢的事，没有虐待这百岁年老的生命，心灵从容富足，则在富在贫，皆足安心。即所谓“不戚戚于贫贱，不汲汲于富贵”。在这个问题上，孔子有一句著名的话，叫“不义而富且贵，于我如浮云”。他说：人皆有利心，此不可免，但是要去贫贱，求富贵，均必须以是否符合“义”为前提，“不以其道得之，不处也”，“不以其道得之，不去也”。不能嗜欲太过，乃至不顾一切，以不正当的手段去谋求富贵。一个人所具有的价值，只要确实存在，就决不会因穿着华服或蓑衣而有所改变，关键在于有自持之变。陶渊明荷锄自种、嵇叔夜树下锻炼，均为贫介之士，但他们的精神却万古流芳。君不闻自古以来就有“窃钩者诛，窃国者侯”的史笔？故古人曰：“达亦不足贵，穷亦不足悲。”“人不可以苟富贵，亦不可以徒贫贱。”这对于我们如何生活的价值取向，的确是足资凭借的箴言。

要做到不戚戚于贫贱，不汲汲于富贵，就要具不贪之心。要懂得播种一分，收获一分的道理，不要强求，不要希图意外的惊喜。《一千零一夜》中阿里巴巴的哥哥高西木进了四十大盗的藏宝洞，欣喜若狂，攫宝不已，忘了回家，致使强盗回来，把他砍死。佛祖在《佛说四十二章经》里告诫世人说：财色之取，譬如小儿食刀刃之饴，甜不足一食之羹，然有截舌之患也。

其实，在古人的眼里，“富贵”两字，是人人都可以做到的。“不取于人谓之富，不屈于人谓之贵”，白衣草鞋，自有一股飘逸清雅的仙气，粗茶淡饭，自有一份闲适自在的意趣。

知识链接

达亦不足贵，穷亦不足悲。人不可以苟富贵，亦不可以徒贫贱。

4. 抵御诱惑，无欲则刚

壁立千仞，无欲则刚。一个人若能去除私欲，就能无所畏惧；无所畏惧，就能一身正气，刚直不阿，办事公道，成就事业。“无欲则刚”的“欲”，乃“欲望”之欲。欲望的意思是“想得到某种东西或想达到某种目的的要求”。欲是人的一种生理本能。人要生活下去，就会有各种各样的“欲”：饿了有食欲，渴了有饮欲，困了有睡欲，冷了有暖欲，缺东西用时有物欲，情窦初开时有情欲。

但是，凡事总要有个尺度。欲望多了、大了，就要生贪心；欲望过多过大，必然欲壑难填。贪求私欲者往往被财欲、物欲、色欲、权欲等迷住心窍，攫求不已，终至纵欲成灾。

贪求私欲的危害实在太大了。《韩非子，解老》说：“有欲甚，则邪心胜。”私欲太多，邪恶的心思便占上风。《刘子·防欲》说：“欲炽则身亡。”私欲太强烈了，会使人丧命。《慎言·见闻篇》说：“贪欲者，众恶之本。”把贪求私欲作为一切罪恶的根源。贪欲，不知吞噬了多少无辜良善，又不知使多少人作茧自缚，名败身亡。贪欲还能祸国乱天下。唐玄宗李隆基在位前期，励精图治，将唐王朝推上盛世的顶点，这就是历史上有名的“开元之治”“天宝盛世”。后来，

他穷奢极欲，享乐无度，宠幸杨贵妃，从而导致了延续八年的“安史之乱”，致使生灵涂炭，山河失色，唐王朝由此转盛而衰。

中国传统文化强调“义以为上”“见义勇为”“杀身成仁”，即要有为了坚持正义敢于牺牲个人一切的精神。而刚直不阿的品德，则是这种精神的体现，也是古今贤人在道德修养方面所追求的目标。林则徐曾手书一副自勉堂联：“海纳百川，有容乃大；壁立千仞，无欲则刚。”上联告诫自己广泛听取各种不同意见，下联砥砺自己杜绝私欲，做刚直不阿的好官。

《后汉书·酷吏列传》记载，董宣任京都洛阳令时，湖阳公主（汉光武帝刘秀的姐姐）的家奴，无端打死卖唱的父女二人，董宣智捕凶犯，就地正法。公主告到刘秀那里，刘秀要将董宣乱棍打死，董宣陈述情由后，“以头击楹”欲自尽。刘秀见状，又让太监搀架董宣，强迫他向公主磕头谢罪，而董宣“两手据地，终不肯俯”。刘秀见他铁骨铮铮，称之为“强项令”，即刚正倔强，不可使之低头屈从的县令。董宣的“刚”，源于“无欲”。他一心秉公，不惜生命，不恋官位，至于生活，更是俭朴，74岁时死于任上，“布被覆尸”，家中仅有一辆破车和几斛大麦而已。

今天，面对错综复杂的大千世界，面对来自各方的种种诱惑，我们将何以处之？“无欲则刚”这一警语可作为立身行事的指南。“人若无欲品自高”。就是说，人若没有私欲，品格自然高雅洁清，不染尘泥。社会上还存在着假、恶、丑现象，纯洁社会、净化风气则是我们要担负起来的一项长期的重要任务。对此，我们青少年责无旁贷，当仁不让。“无欲则刚”的操守，将使我们能在障眼的迷雾中辨明方向，勇往直前；将使我们在与邪恶的斗争中伸张正义，克敌制胜。“无欲则刚”，使人如同苍松翠柏，不怕乌云翻卷，不怕雨暴风狂，挺立世间，永不摧折。

5. 解除贪婪的枷锁

作为人，我们不做金钱的奴隶时，才能看护好生命。一个最明智的人，甚至生活得比穷人还要简单，因为贫穷常常是智慧的土壤，它能助人洞悉生活的平淡，自古以来“成由勤俭败由奢”。我们也许改变不了世界，但我们至少可以从自己身上解除贪婪这道枷锁。

许多身处逆境的人，磕磕绊绊，但靠自己的努力最终还是走向了成功，而另一些人往往被眼前的利益所诱惑，迷失了前进的方向，终生与成功无缘。在这个世界上，人是最容易被毁掉的动物，因为在人的一生中，充满许多诱惑——金钱的魔力，地位的荣耀，名誉的光环等等，它们中的任何一种，只要在人的身上滋生蔓延开来，都足以使生命的火焰减弱或熄灭；然而人又是最不容易被毁掉的动物，因为人有理智和良知、有爱和向往，有意志和判断力，它们犹如养料一样滋养着人、激励着人。在你的一生中，你的生命是否能光芒四射，绚丽多彩，关键是看你对人生的态度。

君子爱财，取之有道。得到的欣然接受，失去的恬然放手，名利如此，一切都如此。在增多与减少、收获与付出、得到与失去、喜悦与惆怅之间，收放自如。卡耐基说：“为所有而喜，不为所无而忧。凡事往好的一面去想，这种习惯比收入千镑还好。”

罗马百科全书作家普林尼博览群书，天文、地理、化学、动物、医药、绘画、军事、历史、语言、农业等各种各样的书都细心阅读，认真摘录。他辛勤的劳动，换来了丰硕的果实，写出了一共37卷的《自然史》。在书中讲述了很多知识和道理，在他看来，自然界的一切都是为了人而存在的，植物的存在是为了供给人食物，铁是为了给人类提供武器，但是他把人看得并不很高，他认为人不如野兽，因为无论狮子还是海怪都不会自相残杀，但人却经常相互为敌。还有在万物当中，只有人知道爱权势地位和贪利图财。

当今世界也是这样，人们是如此自私和贪婪，以至根本无暇思考如何使世界有一个更为理想的生态环境。地球的臭氧层遭到破坏，许多动物遭到任意捕杀，从五千年的人类文明史来看，人类创造的成就足以使人类自豪。人类拥有了无比巨大的财富，人类确实进步了，野性渐退，文明渐增，但是人类的伟大并没有结束和消除人类智慧给自身造成的不幸，如贫困、剥削、奴役、压迫和战争。人类智慧的不断开创对自身造成了威胁。人类拥有了巨大的财富，也拥有和造成了剥削、奴役、压迫和战争。人类创造了巨大的能量，也创造了可以置自身于死地几次、几十次的可能性；科学已能借用“克隆”技术创造新的生命，同样人类科学能借用现代电子高科技增强杀人的有效性，人类掌握着无比巨大的智慧，也掌握了迫害人、排斥人和毁灭人的有效手段……人类自古以来流的血和泪，要比人们喝的美酒多得多，人类苦恼的时间比快乐的时间要多得多，被无辜杀害的人比现在活着的人多得多。因此，人类如果减少自己的欲望，森林和热带雨林就不会消失，河流、湖泊和海洋将鱼虾成群。

其实，人生只是一段平平常常的旅程。我们不满足，是因为我们的贪婪，是因为我们忘记了，平常的生活所蕴含的美好和珍贵。对生活，我们经常只有吞咽而无咀嚼，只是经过而不回眸，是我们要得太多。而真正的人生是一种对纷繁诱惑的超越，对生命的透彻领悟，以及一种内心坦荡明朗的境界。淡泊名利的人容易给人一种追求不高远、理想不远大的感觉。其实他们踏实沉稳地走完每一段路，对自己的事业、生活总有一个适合于自己的现实计划；而贪婪的人永远不会满足，永远会对一些无关紧要的东西表示出义愤填膺，永远觉得自己在受委屈，活得太苦太累，活得暗无天日。

正如古语所说：“身安不如心安，心宽强过屋宽。”一个控制了贪婪的人，一个能自觉地消除贪婪的人，必然是一个能够理性地走向成功的人。所以，请务必记住生活原本可以很美丽，读一本书，看一场精彩的电影，在一个月明风清的晚上散散步，都可以体会到一种超越喧嚣凡尘的快乐。

知识链接

君子爱财，取之有道。得到的欣然接受，失去的恬然放手，名利如此，一切都如此。

6. 做人要淡泊知足

做人要淡泊知足，祸莫大于贪欲。这并非是一种消极避世或与世无争的思想，而是包含着慎重的意义。

《老子》认为，知足者乐体现为以下三点：一是仁慈；二是勤俭；三是不敢为天下先。“一曰慈，二曰俭，三曰不敢为天下先。慈故能勇，俭故能广，不敢为天下先，故能成器也。”

如果一个人能做到上述三点，就可以成为勇敢、富有和有地位的人。

“贪欲莫伸手，伸手必祸身”。清清白白做人，认认真真工作，这是做人的准则。

贪欲与懒惰是毁灭人生命的两颗“定时炸弹”，贪欲与懒惰的渐进就是“炸弹”指针向终点的转动。贪欲与懒惰越烈，指针的转动越快，生命的终结就越快。

7. 君子之交淡如水

《庄子·山木》有云："君子之交淡如水，小人之交甘若醴。君子淡以亲，小人甘以绝。""淡如水"指清澈纯静、心地坦荡、无欲无求；"甘若醴"指口蜜腹剑、勾心斗角、见利忘义。君子缺少繁文缛节的排场，多了推心置腹的雅谈；小人在相互吹捧的喧闹中，更多是设局暗算对方。

8. 富贵不淫，贫贱不移

富贵不会成为自己骄纵的本钱，贫贱也就不会成为自己生活的负担。

人无高低贵贱之分，却有贫穷富贵之别。但无论是富人还是穷人，均不可丧失一个做人者的气节与品性，有的人生活贫穷时，正直善良、乐善好施；而一旦生活富裕起来，便人性大变，仿佛忘了自己的根本。他们自恃高贵，看不起他人，甚至横蛮无理。还有一类人，他们由于自己很穷，便穷得没了志气，丧失了自尊，不惜一切求助他人，甘为他人阶下之囚。对于一个真正的人来讲，此两类均不可取。下面的这则故事源自古代，它更好地告诉我们做人的道理。

鲁国国王想学习三皇五帝的学说，从事三皇五帝的事业，敬重贤能之士，亲自去做一些实在的事情。想虽然是这样想的，但鲁王又总是忧心忡忡，觉得自己安全没保障，架子也放不下来。

楚国贤人熊宜僚来鲁国，看穿了鲁王的心思，便建议说："大王去南越吧。

那里的民风古老淳朴，人无私心，人们行为举止很随意。您去那里，可以抛掉庸俗的念头，修成大道。”

鲁王着急了：“那儿山高路远，没有车船，我可怎么办？”

熊宜僚说：“不要以为自己是国王，就放不下架子，也不要安于自己的高位就迈不开脚步。您本人不就是一辆用不坏的车子吗？您的头颅是车把式，您的体力是驾车的马匹，您的双脚就是车轮。”

鲁王又担心：“那地方很偏远，又没什么人烟，我跟谁作邻居呢？我没有粮食、酒肉，吃什么呢？”

熊宜僚说：“把您的消耗量尽量降低，让您的欲望和俗念尽量减少，这样即使您吃了上顿愁下顿，您也会把糠菜当成美餐。要把自己看成一个实实在在的人，既不要自视为王侯，自己娇贵自己；也不要为自己成了平民而自卑，看不起自己的贫贱。这样，富贵的日子能过，贫贱的日子同样能过。如果富贵不会成为自己骄纵的本钱，那么贫贱也就不会成为自己生活的负担。事物的发展，此一时，彼一时，本来如此。人才是根本的、永恒的！”

打个比方吧。两条船并排过河，如果一只船是空的，两船碰撞，船上的人也不会发脾气。如果那空船上有一个人，那船要撞过来时，这船就会让开，船上的人便会大声喊叫，要那船上的人注意。如果那船上的人不听，这船上的人就会发出警告。经过几个来回之后，双方就会恶语相加。有人和没人的区别就这样大。把意气、地位、物质这些身外之物抛开，人不就成了一个很有修养的人吗！

9. 别钻进钱眼里

令人沮丧的是，金钱的诱惑常常似乎与手头拥有的数目直接成正比：你拥有得越多，你越想要。同时，每一英镑的增量价值，似乎与实际价值成反比：你拥有得越多，你需要得越多。金钱能够买到舒适，促进个人自由，但一旦钻到钱眼里，金钱就会束缚个人的自由。

亚里士多德曾这样描写那些富人：“他们生活的整个想法，是他们应该不断增加他们的金钱，或者无论如何不损失它。一个美好生活必不可缺的是财富数目，财富数目是没有限制的。但是，一旦你进人物质财富领域，很容易迷失你的方向。”

四十一岁的房地产开发商德里克说：“虽然我拥有超过二百万英镑的财产，但我感到压力很大，我不能在每年十五万英镑的基本收入的基础上使收支相抵。我想也许我正在失控，我总是苦于奔波，但我还是错过了好多约会。当我不得不做决定时，我感到好像有人把他的拳头塞进了我的肠子里不松手。午夜时，我会爬起床开始进行设计，我只是想让我平静下来。我无法睡觉，无法停下来。然而我还是不能取得进步。”

很明显，在德里克看来，他所取得的一切都没什么意义，他真的相信，当他达到他的金融目标时，他将感觉像一位国王。金钱已成为他的自尊和支柱，一种对人的价值的替代之物。他意识到金钱本身绝不可能让他幸福，并且一直到他重新界定他的价值和他的优先考虑事项为止，德里克将继续在成功边缘摇摆不定，将他的家庭和他的健康置于危险之中。

迷恋金钱有多种表现方式，德里克只是体现出其中一些。然而，有一条把所有这些情况贯穿起来的共同线索，在这一点，金钱作为美好生活的手段的价值消失了，金钱本身成了一种目的。当它被置于爱情、信任、家庭、健康和个人幸福之前时，它总是倾向于腐烂。金钱的价值越是超出它的实际市场价值，这种腐烂就能越深入地渗透。像索尔·贝娄在《洪堡的礼物》一书中所写的，“抓住金钱不放很难，这就像一块小冰块一样。你不可能刚刚成功获得它，然后就生活安逸……当你获得金钱时，你将经历一次质变。你不得不与内部和外部的可怕力量竞争。这些力量也许产生不信任、妒忌，甚至对拥有更多的任何人憎恨及对任何阻碍你发财的人的敌意”。

第十二章
学会自我省察

1. 从反省中认识自己

一个人眼睛不要总是盯着别人，重要的是要先认识自己，从反省中认识自己，从自知的镜子中了解自己的真面目。曾有人向哈佛的鲁恩教授抱怨说：“我每天都在拼命地工作、工作，我一刻也没闲过，可如此努力为什么却总是不能成功？”

正如成功多是内因起作用一样，失败也多是自己的缺点引起的。一个人必须懂得不断反省和总结自己，改正自己的错误，才不会老在原处打转或再次被同一块石头绊倒；人只有通过“反省”，时时检讨自己，才可以走出失败的怪圈，走向成功的彼岸。

所谓“反省”，就是反过身来省察自己，检讨自己的言行，看自己犯了哪些错误，看有没有需要改进的地方。

人为什么要自省？这里有两个方面的原因：一个是主观原因。人都不可能十全十美，总有个性上的缺陷、智慧上的不足，而年轻人更缺乏社会历练，因此常会说错话、做错事、得罪人；另一方面是客观原因。现实生活中，很多人是只说好话，看到你做错事、说错话、得罪人也故意不说，因此，这就更需要你自己通过反省来了解自己的所作所为。

曾经有一个人很不满意自己的工作，他愤愤地对朋友说：“我的领导一点也不把我放在眼里，改天我要对他拍桌子，然后辞职不干。”

“你对那家贸易公司完全弄清楚了吗？对于他们做国际贸易的窍门完全搞通了吗？”他的朋友反问。

“没有！”

“我建议你好好地把他们的一切贸易技巧、商业文书和公司组织完全搞通，甚至连怎么修理复印机的小故障都学会，然后辞职不干。”他的朋友建议，“你用他们的公司，当作免费学习的地方，什么东西都通了之后，再一走了之。这样不是既出了气，又有许多收获吗？”

那人听从了朋友的建议，从此便默记偷学，甚至下班之后，还留在办公室研究写商业文书的方法。

一年之后，那位朋友偶然遇到他。

“你大概多半都学会了，可以准备拍桌子不干了吧？”

“我发现近半年来，老板对我刮目相看，最近更总是委以重任，又升官、又加薪，我已经成为公司的红人了！”

“这是我早就料到的！”他的朋友笑着说，“当初你的老板不重视你，是因为你的能力不足，却又不努力学习。而后你痛下苦功，进步神速，当然会令他对你刮目相看的。”

生活中，很多人失败之后怨天尤人，就是不在自己身上找原因。其实，一个人失败的原因是多方面的，只有从多方面入手找出失败的原因并有针对性地进行自省，才能起到纠错的作用。当然反省自己也要从多方面着眼：

△是不是骄傲自满；

△是否敢于向困难挑战；

△选定的目标是否合适；

△有没有尽可能大地发掘潜力；

△会不会协作双赢；

△敢不敢打破“框框”；

△是否注意处处提防陷阱。

类似以上七条的问题还有很多，需要我们不断地加以反省和总结。海涅说得好：“反省是一面镜子，它能将我们的错误清清楚楚地照出来，使我们有改正的机会。”

那么，怎样来反省自己呢？

首先，要以“自知”的镜子来反照自己。若要了解自己行为的得失，则必须用“自知”的镜子来自照。反省如同一面明镜，在反省的明镜中，自己的本来面目将显现无余。一个人的眼睛不要总是盯着别人，重要的是要先认识自己，从反省中认识自己，从自知的镜子中了解自己的真面目。

其次，要有悔改的勇气。一个人有过错不要紧，只要能改过就好，如果有过错而不肯改这就是大过，真正的过错。有些人犯了错，却不肯承认，因为他怕因此而失了面子。如果能够消除傲慢的习气，就会生起悔过自新的勇气来。时常反省自己的过失，发现了错误，就要及时改正，痛痛快快、踏踏实实地做事。比如，害了盲肠炎的病人，一定要把那段盲肠割掉，以除后患。一个人有了过失，也要用反省、忏悔的快刀把它切除。

今天有了过错，如果没有反省，明天还会照样犯。若能及时反省自己，知道犯错的缘由，随即改正过来，那么，以后就不会再有类似的过错。

人对待错误的正确态度应该是及时从中吸取教训，总结经验，亡羊补牢，将功补过，而不是过多地自我谴责，自我责备。英国有句谚语——“不要为打翻的牛奶而哭泣”，意即：你去为已经无可挽留的损失而哭泣只会浪费你的好心情。聪明的人是会反省错误，之后吸取教训，然后坚毅地忘掉不幸，以更大的劲头、更热忱的心态去弥补损失，而不是过多地自责。

2. 自知者明

中国古代思想家老子曾说过：“知人者智；自知者明。”与动物不同，人是一个能自我认识和自我意识的实体。人要完善自己的个性与行为，在更广阔的生活领域和社会范围内发挥自己的作用，就必须经常进行自我省察，从而达到自我监督、自我改善的目的。

自我省察和自我管理能力是一个人成功所必须具备的重要能力，它使个体能有效地运行起来，充分发挥个体多方面的才华。

富兰克林是美国人的骄傲，他在晚年写的一本自传中，详细地介绍了他是如何通过自我省察来达到自我管理的。他曾经给自己拟定了一个美德反省表，具体列出了应遵循的13种美德：①节制；②诚实；③严谨；④果断；⑤节俭；⑥勤奋；⑦慎言；⑧公正；⑨大度；⑩整洁；⑪沉着；⑫廉洁；⑬谦虚。富兰克林每天晚上临睡之前，都要认真反省一下是否做到了这13项美德，如果没有做到，便在该项目下画上一颗黑星星，以此来警醒自己。

刚开始的时候，富兰克林总要大吃一惊，发现自己的过失和缺点比他当初想象的要多得多。通过不断地自我省察，他逐渐克服了自己的弱点，终于从一个印刷厂学徒成为一名著名的文学家、思想家和科学家，成为社会中杰出的成员。

古希腊人的哲学有很多关于人的问题，他们把“能认识自己”看成是人的最高智慧，而认识自己的一个重要途径便是自我省察。通过个体自身有意识地分析自己的活动与行为来自我认识，以获得“自知之明”，了解自己，这是符合心理卫生原则的，也是心理活动机能的一个重要组成部分。人不仅能认识个体以外的人和物，而且还能认识自身。个体也是人的认识对象。把心理活动当作客观的事物来认识，来自我观察，并对自己的行为、感情、欲望、能力等作出相应的反应，其目的是认识自己的缺点、特长和不足。最终实现个体的自我调控。邹韬奋先生曾经说过："自觉有何长处，便当极力保存而更发扬光大；自觉有何短处，便当极力避免而更奋发有为。"

"知人难，知己更难"。自我省察是一种复杂的心理现象，要学会正确、透彻地认识自己并不是一件容易的事情。所谓的"当局者迷"就是人在立身处事中常处于迷乱状态，对自身的言行并没有一个明确的认识。同时，自我省察是个体注意从客体转移到主体，从外在客观世界转移到内在认识主体的心理活动，它要求建立在自我观察基础上的自我认识要客观，实事求是，切忌因仅看到自己的优点和长处而妄自尊大，自以为是群体的强者，但最终的行为结果却验证你并不是真正的强者。同时，它也切忌只认识到自己的弱点和不足而妄自菲薄，对自己的能力不相信，认为自己必将一事无成。每个人都有各自的优点和缺点，唯有对自己的优缺点有客观的了解，并针对具体目标进行积极的自我省察才是正确的态度，也才有可能塑造出新的自我。

知识链接

老子曾说过："知人者智；自知者明。"与动物不同，人是一个能自我认识和自我意识的实体。

3. 每天都要进行自我反省

金无足赤，人无完人。人活在世上，谁都难免有这样或那样的缺点和错误，谁都难免有丑陋的一面。罗曼·罗兰说："在你要战胜外来的敌人之前，先得战胜你自己内在的敌人；你不必害怕沉沦与堕落，只请你能不断地自拔与更新。"会做人的人就是通过彻底反省来打败自己内心的敌人，打扫自己思想灵魂深处的污垢尘埃，减轻精神痛苦，净化自己的精神境界。

从前有一个人，每天要接见很多宾客，或者要出去办很多事情。晚上，他总是吹灭灯火，一个人独自坐在书房反省自己："今天使我敦品励行的人是谁？今天使我增加智慧的人是谁？今天使我浪费光阴的人是谁？今天使我贪图享受的人是谁？今天使我闯祸惹麻烦的人是谁？"这个人的意思是：做人也要像做生意那样，每天把账目弄得清清楚楚。如果赚了，继续努力；如果亏了，赶快改弦更张，免得一败涂地。

我们在日常生活中，应随时检查自己，随时观照自己。王阳明说："除山中贼易，除心中贼难。"佛家有"心为贼王"的说法，想除去这个作为心中贼念的一切悬念、杂念，这就要用曾子的三省功夫。

曾子说："我一天中多次反省自己，为别人办事不够尽心吗？与朋友交往不够诚实吗？老师传授的学业不够熟练吗？""吾日三省吾身"说得具体一点，就是一个人要随时随地，特别是在节骨眼上注意检点自身，这样更容易见到功效，从而在许多事情上不会造成大错。如遇到高兴事时，要检省自己是否得意忘形，更要告诫自己居安思危。"祸兮福所倚，福兮祸所伏"，要知道灾祸往往隐伏在福事之中。今天经商赚了钱，说不定行情已在悄悄变化，岂知下次买卖的赔赚？生意兴隆之时，同行的嫉妒、小人的使坏说不定就要到来！遇到发怒的时候，要检省自己是否伤了别人，考虑怒气会带来的后果，从而尽量控制自己的情绪。懒惰怠慢、放纵恣肆这些都是修身进德的敌人，更需及时检查改正，哪能等到产生了恶果再来反省呢？

反省并不限于工作或事业的检查和行为的检讨，而是包括内在思想与情感的更新与复苏。一个人起码需要懂得检讨过去，展望将来。但是检讨过去的失误，未必就能激励奋发，因为把检讨付诸实行的是一个人的心理和态度。根据观察，反省与检讨如果仅仅是局限于表面现象，那么检讨的结论即使一针见血，也只是静态的、消极的。它的效果相当有限，有时甚至造成颓废的懊恼或恐惧的逃避心态。唯有从内做一次省思和洗涤，把成见和得失彻底摒弃，从而建立明确的目标，才能培养生龙活虎的意志，去实现新的目标和理想。

反省是心理活动的反刍与回馈。它把当局者变成一个旁观者，让他自己把自己变成一个审视的对象，站在另外一个立场、角度来观察自己，评判自己。

反省需要勇气，拿起解剖刀时毫不客气地割掉思想上的毒瘤，拿起水龙头常常洗刷行为上的“斑点”，勇于亮相，不怕丑媳妇见公婆。只要对自己稍微有一点宽容之心，反省就会减去本色。反省需要学识，只有从理论上、本质上认识错误，才能抵制日后的诱惑。反省建立在扎实的认识、理解基础上，才能达到反省的目的。

卢梭在少年时曾经将自己极不光彩的盗窃行为转嫁在一个女仆的身上，致使这位无辜的少女蒙冤受屈。成名后卢梭为这件事陷入痛苦的回忆中。他说：“在我苦恼得睡不着的时候，便看到这个可怜的姑娘前来谴责我的罪行，好像这个罪行是昨天才犯的。”

卢梭在他的名著《忏悔录》中对自己做了严肃而深刻的批判。他敢把这件丑事公诸世人，显示了他彻底反省的坦荡胸怀和不同凡响的伟大人格。

一个人是否具有反省能力对其做人很重要。反省可以改变一个人的命运和机缘。它在任何人身上，都会发生大效用。因为反省所带来的不只是智慧，更是夜以继日的精进态度和前所未有的干劲。

我们的学习，不是狭隘的书本学习，而是全方位的学习。陶行知先生提出了“每日四问”的学习方法，为了养成自我反省的习惯，我们也可以这样，每天都

坚持“四问”——

一问自己的工作有没有进步?

二问自己的身体有没有进步?

三问自己的学习有没有进步?

四问自己的道德有没有进步?

越早养成这样一种自我反省的习惯，对我们的发展越有利!

在每天晚上，在我们睡觉之前，应该回忆一天的所作所为：

哪一件应该做的事情没有完成?

哪一件事情本应该做得更好?

哪一本该读的书没有读?

我今天发现了什么弱点?

我今天抵御了什么诱惑?

我今天获得了什么美德?

我是否对遇到的每一个人和蔼可亲?

我是否对机会保持警觉?

我是否在每个问题中寻找到好的一面?

我以微笑面对不如意的人和事了吗？

我今天集中精力于目标了吗？

每天都进行这样的自问和检讨，用不了多久，我们很自然地就会养成自我反省的习惯。

4. 自我省察的方法

自我省察的方式很多，每个人可以根据自己不同的心理活动方式而定，不必强求一致。在这里介绍三条经验，在实践中颇为有效，读者可以试一试。

（1）座右铭法。

即用“座右铭”来督促、提醒自己的方法。曾经令鸦片贩子闻风丧胆的林则徐年轻时脾气急躁，遇事容易发怒。这样往往把本来可以办好的事搞糟。为了克服这个弱点，他就写了“制怒”二字，并将其制成匾额悬于书桌之前。而且无论他到哪个地方，总是不忘携带这块匾额，以此作为座右铭来督促他自我省察。最后他终于克服了这一缺点，成为沉着、谦和的人。

诺贝尔奖获得者彼德·塞曼读大学时，曾终日沉迷于追逐感官享乐之中，因而荒废了学业。到了期末考试，物理科目不及格。他的母亲得知之后，流着泪对塞曼诉说了她早年如何为他而在生活中痛苦挣扎的经历，塞曼的心灵受到了强烈的震动。不久，他的母亲去世了。为了铭记母亲的教导，他将母亲的遗像嵌在一个小镜框里，总是随身带着。一次，他在某大学讲课时，一道题目难住了他，当他想敷衍过去的时候，手偶然触到了母亲的遗像。他马上责备自己，并以此激励自己的信心，并很迅速地将这道题解出来了。母亲的相框成了督促塞曼不断自省的座右铭，提醒他不断向自己的缺点开战。

（2）写日记。

中国著名的教育家杨杏佛先生说过：“日记虽小课，然写的时候大多是在清静的夜晚，追省这一天的所作所为，防患未然，悬崖勒马皆在此时，若日日无间断虽无意自省已尽自省之功矣。”

世界著名的大文豪列夫·托尔斯泰曾借他在日记中塑造的主人公聂赫留道夫的口说道，记日记“是跟自己的我，跟每个人内心都有的、真正的、神灵的我谈话”。他在年轻的时候，发现自己身上存在着明显的弱点，即浮躁、懒散、缺乏毅力等。他意识到这些弱点将严重妨碍他实现人生的目标，于是他采取的措施之一便是坚持每晚记日记，以此自我省察每天所做的一切。经过长期持之以恒、坚持不懈的努力，托尔斯泰终于克服了浮躁、懒散、缺乏毅力等缺点，成为举世闻名的大作家。

坚持每天记日记是一个人进行内省或自我观察的很好方式，可以通过回忆，再现一天的经历，对自己进行审视和分析，洞察自己，反省内心，有助于及时认识自己的优缺点，从而为明天提供一面自鉴的镜子。正如季米特洛夫所说的：“青年，谁在睡下时不想想一天中学会了什么东西，他不会进步。要找出时间来考虑一下，一天工作中做了些什么，是正号还是负号。假如是正号，很好；假如是负号，那么就采取措施。”

（3）静思法。

当每天有空的时候，选个安静的地方，闭上眼睛，想一想今天做了些什么，哪些是对自己的发展有利的，哪些是病态的东西，需要在日后加以改进。这些日积月累中发现的不足都铭刻在你的大脑之中，成为指导你行动的原则。哪些是应该做的，哪些是不能做的、不应该做的，自然都会有分寸，因此行动也就不会再有很大的盲目性。

在这个世界上，并没有完美无缺的人。优点和缺点只是一字之差，关键就在于如何自我省察。心理学的研究揭示了人的心理或行为一旦成为习惯，就会具有某种

稳定性和持久性。自我省察最初并不是轻松愉快的事情，并且是一个需要长期自觉努力的过程，在这个过程中，最大的可能是发现自己的缺点如此之多，因而产生动摇，丧失对自己的信心。这又最容易导致自我省察的中断，静思半途而废。此时你一定要坚持下去，当它一旦成为你的生活习惯时，那就将对你的人生起到极为重要的作用。

自我省察的目的仅是给自己的行动做出导向，其最终的目的是要在以后的行动中把自我省察的结果付诸实践，指导自己的行动。当然，自我省察不要仅仅流于座右铭、日记、静思这类形式，而是要积极运用它们来指导自己的言行，朝理想的人格目标前进，最终为自我实现创造一条坦途。